GOBOOKS
& SITAK
GROUP©

我的人生

現在過得好嗎？

還得像現在這樣彷彿什麼事都沒有、

已經身經百戰、所有事都理所當然一樣

活到什麼時候呢？

New 新視野234
window

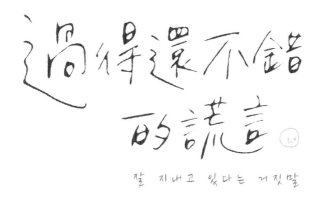

過得還不錯
的謊言

잘 지내고 있다는 거짓말

金利率 김이율 —— 著

朴雲音 박은음 —— 繪

陳姿穎 —— 譯

高寶書版集團

過得還不錯的謊言

金利率 × 朴雲音

一睜眼就心痛，

每天每天
都搖擺不定的心，

無法承受的思念，

掙扎地過著
不習慣的每一天，

深如無底洞的
不安與憂鬱，

變得毫無激情、
像習慣般的愛情，

從一到十都是
讓人感到委屈的事，

怎麼會不讓人
感到心酸呢？

好想馬上抱著他、
躲到他懷裡大哭。

但，我今天依然
假裝自己一點都不痛，

假裝
自己沒事，

假裝什麼問題
都沒有，

用這樣的方式說謊。

很怕從過去到現在都忍得
相當好的自己瞬間瓦解，

很怕一旦瓦解就
再也無法重新站起來，

所以就用這樣的方式說謊。

我過得很好，
別擔心～

我過得很好，
我沒什麼事。

我過得很好。

問題都解決了。

還是不忍心，
把這樣的心、
這樣的痛、
這樣的淚

老老實實地
告訴對方。

擔心對方因此
而更加辛苦，

擔心對方因此
而徹夜不眠。

所以今天，
我也對他說謊了，告訴他我過得很好，
這是個誰都看得出來的謊言。

Contents

第 1 章 我的人生，你過的好嗎？

第 2 章 眞正理解他人就是……

第 3 章 短期內我要先多關心自己了！

第 4 章 抓住搖擺不定的東西

第 5 章 渴望，被禁止的東西……
愛著，所有不可能的東西

第 6 章 希望你的心不會變得疲累

到底是何時開始的呢？
領悟到「過得好並非易事」，
而沒什麼大事、就這樣度過每一天，
卻已經變成「過得好」了。

一整天的懷念、
一整天的日常、
一整天的重量，
今天，也只是好好地撐著而已！

我的人生，
你過的好嗎？

總是有想念人的日子

多情的人哪！你忘記我了嗎？

你已經忘記我了嗎？

你是否只留下思念，卻忘了我呢？

你已經忘記我了嗎？

——歌曲《只有思念不斷累積》

到底為什麼那麼忙，忙到不斷地走來走去，

轉眼間，年紀一歲一歲地增加，

在這之間，原本藏在我們心中的「雀躍」，

便開始慢慢被遺忘。

對於落後他人感到害怕不安，因此不停歇地往前衝，

發現雖然那一天就跟某一天一樣，但卻無法放棄那一天，

最後就連放鬆下來思念某個東西的時間都沒有了。

久而久之，有時候思念會突然一下子湧上。

走在路上，聽到店家裡放著自己熟悉的音樂時，

「啊，那首歌……是我當時蠻喜歡的一首歌……」

當一個深埋心中的思念突然出現，
回憶便會一個接著一個湧上心頭。
當時流行的時尚、以前常去的咖啡廳和酒館、過去在與他人關係中所受過的傷痕，或是就像雖然已經凋謝但依然留有花香的初戀也依稀模糊地浮現腦海中。

這種時候，雖然很需要一杯濃縮咖啡，
但在這個瞬間，更讓人渴望的就是「人」。

變得想與他人一起歡笑、一起對話、
與人相愛、與人相處、一起唱歌。
雖然手機裡存了許多人的照片，
雖然SNS上的朋友人數每天都不斷增加，
雖然寫電子郵件和打訊息的速度越來越快，
但這種技術都無法填滿我們的心。

人的香氣、人的溫度、名為「人」的這朵花，
就是這個，現在，就是思念這個。

在一伸手就能觸碰到對方的距離內，
互相對看、分享對方的體溫與想法，
不斷聊著美麗的對話，
想必這就是我們所需要的吧！

今天，我比其他時間還要想念某人。
那個總向我說出溫暖話語、
總是懷抱我內心的，那唯一的一個人。

我想要只屬於我的娛樂室

我沒有車、沒有自己名義的家、沒有名牌包包，
沒有雙門冰箱，也沒有最新型筆電。

我什麼都沒有。

這個時候我都會對自己感到失望，
想著我活到現在都做了什麼，
也會羨慕別人擁有很多我沒有的東西。
即便如此，我的人生也沒什麼大問題、活得好好的呀！

放下心來之後，我的心很快就變得平靜。
若是我放下其他東西，有時候真的還是會希望自己能至少
擁有一個東西。

娛樂室……
我想要一個有小窗戶的娛樂室。
當我哪天哭的時候，我想把自己關在這娛樂室裡盡情大
哭，哭累了就放鬆地在那裡睡覺。

如果突然懷念某個回憶，就拿出積滿灰塵的相本，把灰塵拍掉，讓自己回到照片裡的那段時光。

如果哪天天色變暗，我想在這間有小窗戶的娛樂室裡聽到媽媽叫喊著我說「老么啊，出來吃飯囉！」而我則是大聲回答媽媽「好！」快速吃完媽媽所煮的飯後，我想要凝視著媽媽的眼、窩在媽媽已下垂的胸前，暫時走入夢鄉。

夜深了，我想用我的雙手把從小窗戶之間照射進來的月光捧起，把這月光擦在我的臉頰上，讓自己閃閃發光。似夢非夢般地偷偷走出窗外，把睡著的柳樹叫醒，一起和他共舞，或是坐上蚱蜢的背，逃離這座灰色都市。

我，想要有一間娛樂室。

只有我的眼淚停在那，
只有我的時間留在那，
只有我的秘密活在那。

在那裡，
我想要獲得僅屬於我自己的慰藉。

只是

茫然地

流著淚

就像你們的年輕並非憑自己的努力而獲得的獎賞一樣，
我的年老也不是因為我做錯什麼而遭受的懲罰。

這是電影《蘿莉塔：情陷謬思》裡主角李寂寥詩人的台
詞。當我聽到這句台詞時，我停下並思考自己「到底屬於
哪一邊」。
我應該算是介於中間：要說自己算年輕，但我每天又深陷
於讓人感到疲累的日常生活中；但如果要說自己算老人，
我又覺得似乎太早。
我想我應該算是「已過了年輕的那一段，慢慢走向年老的
過程中」吧！我想這是表達我年紀的最恰當表達方式了。

那麼李寂寥詩人為什麼會那樣說呢？

我想他是想要表達對於「年老」的委屈吧！人只要變老，便會感到委屈、辛酸。因為體力逐漸變弱、行動變得緩慢、大腦裡也充滿著老舊觀念，導致腦袋開始生鏽。無論是一名多麼優秀、各方面多麼卓越的人，甚或是手中握有多麼強大權力的人、還是有錢人，無一人例外。人只要變老，身體便會開始無力，心理與思考便會跟著停頓。「變老」意味著逐漸離「年輕」越來越遠、卻離「死亡」越來越近。

但即使如此，並非所有感性情緒都會變老：因為我們的人生也會出現奇蹟，也會有如同乾旱大地上終於下了春雨般的救贖，我們的人生也會出現令人感到雀躍的事物。用別的詞彙形容「雀躍」一詞雖然可能會令人感到羞恥，但我想就是「愛」了。

當愛情找上門的那一瞬間，心裡會先出現「抗拒」反應。就如同穿上不合身的衣服，全身都會感到不自在與拘束。我們為了擁有更好的生活，不斷往前衝。因此當年紀大時，會出現「都老了，還談什麼愛情？這不是一種美麗，而是一種寒酸罷了」的想法。大家都開始變成膽小鬼、變成逃亡者。

然而，只要一個人活著，一定會出現「愛情」這個感覺。
年紀大，又如何？年紀大都已經讓人感到委屈了，還得要
被感覺所欺騙嗎？當愛情找上你，只要接受就好了。

當我看了電影《蘿莉塔：情陷謬思》後，我試想幾年後老
了幾歲的自己。
如果在我很老的時候，有一個能讓我心雀躍的愛情來臨，
我會用什麼樣的態度去面對它呢？我會完全接受？還是完
全拒絕呢？

我想，在我有答案之前，我一定會哭哭啼啼的；我的眼淚
應該會無緣無故地流下來。雖然我不知道這是感激還是委
屈，但我一定會毫無理由地落淚。當我落淚時，應該也沒
有閒暇去思考這眼淚意味著什麼吧……

就只是那樣地茫然落淚。

你明明什麼都不知道

你说，常跌倒的人知道如何輕易站起來。

你说，曾痛過的人知道如何克服痛楚。

你说，長期獨自過生活的人已經對孤獨「百毒不侵」。

你明明什麼都不知道，

就不要下這種結論。

常跌倒的人若再次跌倒，爬起來時會更辛苦；

曾痛過的人若再次受傷，便會變得更加絕望；

獨自生活的人則是比一般人還要更加了解孤獨為何物。

我們的心臟又不是一個耐打的器官，

心臟上又沒有長出厚厚的繭，

你明明什麼都不知道。

反正，謝啦！

人們都説人類一生會成長兩次：
一次，
是將媽媽喊為母親的時候；
另一次，
則是聽到孩子叫自己媽媽，
當下感動到落淚的那一瞬間。

現在，
能夠向媽媽發牢騷，
也是一件令人感激的事；
能夠聽到媽媽的聲音，
又讓人再次感激。

比起想念、想呼喚
也無法想念或叫聲媽媽的人，
所有的一切都讓人心存感激。

過得不錯的謊言

「你過得好嗎？」
「嗯！」
「真的過得好嗎？」
「嗯。」
「沒什麼事吧？」
「當然～」

怎麼可能過得好呢？怎麼可能沒事呢？
想也知道不可能沒問題啊。
一睜眼就心痛，每天每天都搖擺不定的心，
無法承受的思念，掙扎地過著不習慣的每一天，
深如無底洞的不安及憂鬱，
變得毫無激情、像習慣一般的愛情，
每一樣都是讓人感到委屈的事，
怎麼會不讓人感到心酸呢？

好想馬上抱著他、躲到他懷裡大哭。
但，我今天依然假裝自己一點都不痛、假裝自己沒事，

假裝什麼問題都沒有，
用這樣的方式說謊。

很怕從過去到現在都忍得相當好的自己瞬間瓦解，
很怕一旦瓦解就再也無法重新站起來，
所以就用這樣的方式說謊。

我過得很好，別擔心～
我過得很好，我沒什麼事。
我過得很好，問題都解決了。

還是不忍心，把這樣的心、這樣的痛、這樣的淚，
老老實實地告訴對方。
擔心對方因此而更加辛苦，
擔心對方因此而徹夜不眠。

所以今天，
我也這樣對他說謊了，
告訴他我過得很好，這是個誰都看得出來的謊言。

雖然沒有他，但有他

當夜晚降臨，我便想起了他。

下雨了，讓我更加想起他。

我不想讓這樣的想念隨風而逝，

所以我故意慢慢地走著。

在夜晚與雨滴之間，

雖然沒有星星，但依然有他。

在雨滴和道路之間，

雖然身邊沒有他，但心裡還是有他。

他現在在哪，

他走到哪了？

我雖然曾試著埋怨、

也試著怨恨，

但早上當我睜開眼，

我才恍然大悟。

我以為只有我想念他，
反而，他對我的思念更深、更重。

就連我不思念他的每一瞬間，
他也會變成朵朵浮雲，隨我而行；
在我消失的夜晚裡，
他也會不斷拍打著我的心，
而我卻渾然不知地走進夢鄉。

他，該有多冷？
他，該有多想碰碰我呢？

對不起，
謝謝你。

當春天來臨，
我會去找你。

眼淚，
我一直努力忍到現在……

之前在tvN電視台上播放的綜藝節目《花樣姐姐》是讓我每次都會準時收看的節目。這是一個呈現演員兼歌手的「行李伕」李昇基與四名女演員的橫衝直撞旅遊記，提供了觀眾旅遊地相關資訊，更賦予了觀眾對於該旅遊地的幻想。雖然這旅程看似相當短，但其中卻能看到不同人生與對於生活的領悟。

雖然我對每一集都相當印象深刻，但其中有一個場面最令人感到記憶猶新、讓我的心湧起欲哭的感受。
這個場面就是李美妍演員落淚的場景。
總是給人一個自信、堅強又爽快印象的李美妍演員為什麼當時會落淚呢？我先解釋一下當時節目場景狀況：

當時節目一行人正於克羅埃西亞旅遊時，李美妍坐在街上某間咖啡店裡，陷入了自己思考的時間。此時，有一位韓國觀光客大嬸走向她，並跟她打了招呼。

「啊，李美妍小姐，您好！」

「嗯，您好！」

接著，這位大嬸又向李美妍說了一句美言：

「李美妍小姐，希望妳過得開心又幸福，這是我一直在心中所盼望的。」

當李美妍聽到這句話的瞬間，便轉身暫時離開座位；而她暫時離開座位的原因是因為自己的眼淚不斷流下。她就如同被打了巴掌一樣，雙眼眼淚直流。不管她怎麼擦，眼淚總是停不下來。

雖然我們無法正確得知突然爆哭的她當下的情緒狀態，但大概還是能猜測得到。看來李美妍自從離婚之後，內心的傷痕與空虛感讓她陷入人生中的低潮，看得出來她因為內心受「活著這一件事情既不快樂也不幸福」這一個想法支配許久而感到辛苦。但就在這樣的時間點，一位大嬸卻跟她說：「希望妳過得開心又幸福，這是我一直在心中所盼望的。」

李美妍因為這一句話，讓她過去這段期間所隱藏著、壓抑著、隱忍著的情緒就此爆發；幾乎是一瞬間被擊破。

看著李美妍的眼淚，我也忍不住落淚了。

當時我也在人生的關鍵時刻上不斷地掙扎，因此李美妍的情緒和我的情緒便重疊了。我當時認為我的人生當中，喜悅與幸福就像過去的煙火一樣，已經走到盡頭；但當我聽到節目裡的那句「喜悅與幸福」時，我的心卻因此而癱軟下來。當我關掉電視後，我依然哭了一段時間；因為我過去那段期間一直忍著不哭，所以將我的眼淚緊緊地藏在眼淚倉庫，而現在倉庫裡的眼淚一次傾瀉而出。

哭泣這件事情並不意味著「結束」，而是想要再次開始的「迫切」；也是想要忘卻現在這難過又不幸的瞬間所做出的掙扎。

當我哭夠了，喝一杯溫暖的菊花茶，並且在腦海中不斷反覆琢磨這個單字。

「過程、過程、過程」。

沒錯，在這個世界上，沒有任何東西不會流逝：

時間會流逝、痛苦會流逝、過去也會流逝。

隨著這樣的流逝逐波而走，這是我們必須承擔的，也是我們戰勝所有事情的方法吧！

這應該是克服低潮的過程吧！所有事情都會過去，總是會有走到盡頭的時候——我們應該帶著這樣的信念繼續活下去，對吧？

希望李美妍不再流淚，也希望這世上所有人的眼淚之芽都不要發芽。

好險，菊花茶還沒冷掉……

心靈之窗

我丟了一個櫃子。

之後，我的房間出現了新的變化。

原本被櫃子遮住的窗戶如同被迫堵上了黑暗，現在終於重新睜開了眼睛。當窗門打開，閃閃發亮的陽光便傾瀉進來。彷彿陽光刺眼似的，窗門稍稍地眨了眨眼；涼爽的風也時不時地拂進。

某天，雨滴們將大地當作鋼琴鍵盤，彈出浪漫的悅耳琴聲。還有呢！只是一個櫃子不見，我的房間變得相當寬闊。以前房間又小又擠，但現在我擁有了能舒適地躺在地上、滾來滾去的大房間。

擋住我心的某個東西，
我也想早點開啟心中的那扇窗。

什麼都不想做的一天

滾著膠帶，把掉落在地上的頭髮黏起來。

用湯匙將黏在平底鍋上的煎蛋挖起來吃掉。

提著湯汁滴落的廚餘垃圾袋走下樓梯。

夜晚已深、思念漸濃，但因沒什麼事做，所以早早關上了燈。在天花板上閃閃發亮的星星們一顆一顆失去它們的光芒，而疲累的雙眼則漸漸走入夢鄉。

人們總說，「人生」就是背負著沈重的行囊走向遠方的旅程，所以不需要過於急迫，這句由某人說的話讓我的夜晚獲得慰藉。

我度過了和蝸牛一樣的一天，

不管是明天到來、還是夜晚落下，都無所謂。

最近是什麼都不想做的每一天。

逃跑

我曾想過「如果沒有什麼要負責的事情，該有多自由呢？」如果輕鬆地將現在出現在我面前的這些令人厭倦的日常生活拋下、到江原道看海的話，該有多好呢？但，我卻無法這樣做；「負責」就像是一個個隱形的鏈鎖。那麼，這樣的「責任」是由誰賦予的呢？仔細想想，應該是我自己讓自己主動去承擔責任。但現在才想要兩手一伸、不管任何事情，已經太晚、太卑鄙且已經涉入太多事情了。所以，有時候我也想乾脆就逃跑。

「到底為什麼突然這樣？你一直都做得很好啊！」

如果非得這樣追究的話，我只想說一句話：

「不知道！」

如果話說太長，最後是無法順利逃跑的。當想法變多，便無法將想法付諸於行動；再加上我是很小心翼翼的A型人，若我開始猶豫、自責或後悔時，最後，我一定會一步都跨不出去。

今天也辛苦了

即使他人不知道，
但依然堅持走著自己想走的路的你，
今天也辛苦了。

雖然我們無法得知人生的正確解答，
但為了離解答更近，而不斷努力向前的你，
今天也辛苦了。

為了不忘心裡的那個夢想，
不斷向夢想喊話、梳理夢想的你，
今天也辛苦了。

雖然沒有人能理解你的痛楚，
但依然努力擠出微笑、先看到他人痛苦的你，
今天也辛苦了。

相信未來路上依然有光而不斷向前走，
雖然眼前看到的都只是黑暗，
但依然相信希望存在的你，
今天也辛苦了。

有人說「這世上沒有無名花」，
因此叫著路邊綻放花朵名字的你，
今天也辛苦了。

知道我的人，
不知道我的人，
不管是你還是我，我們
今天，也辛苦了。

沒什麼事的感激

不知道為什麼，以前對於「沒什麼事」會產生「無聊、鬱悶甚至是心寒」的感覺；但最近，「沒什麼事」這句話聽起來卻讓人感到開心。不知從何時開始，我總是害怕聽到「有什麼事」這句話；我想應該是因為「有什麼事」主要給人一種「傳達壞消息」的感覺吧！

當認識的人突然過世時、
當朋友遭遇心痛失戀時、
當朋友歷經數次失敗時，皆為如此。
所以當有人問到「沒什麼事吧？」這句話時，
總會讓人感到害怕。
而沒消息至少證明了那個人過得不錯。

今天，我的朋友打電話來：
「沒什麼事吧？」「嗯。」

「嗯」這一句話，真的讓人感到如釋重負。
甚至是令人心存感激……

雖然你我都過著沒什麼大事的人生，
但還是希望活著的時候都沒什麼事！

首爾長壽馬格利酒

當一整天被人際關係纏住時，
總會有心痛又空虛的時候；
那時候沒有什麼比「你」還要好了。

如果有一起喝酒的人會更好，
但沒有的話也沒關係；
如果喝酒時有豬頭皮的話會更好，
但只有幾片泡菜也沒關係；
雖然長命百歲也很好，
但被熱情的愛火燒毀、就此消失也不錯。

可以是飯、也可以是酒的你，
可以是空白、也可以是飽滿的你，
可以是幸福、也可以是眼淚的你，
今天，就是你。

一個想念說話的一天，
一個想念他人的一天，
不需要任何慰藉，
今天，就是你了！

「我發現窗外的白雲真漂亮，所以才打電話給你。」

「不要開玩笑了，你為什麼打電話來？」

「沒什麼，真的只是想到你才打的。」

「真無聊……我很忙，先掛了。」

「今天下班後有什麼行程嗎？」

「行程？當然要加班啊，家裡出了什麼事嗎？」

「沒事，只是打給你而已。」

「真無聊。」

「你有好好吃飯嗎？出門在外，小心車輛。」

「我知道了～我有寄錢過去，您有收到吧？還有什麼想說的嗎？」

「沒什麼，只是打個電話而已。」

「我要進去開會了，下次再通話吧！」

你知道「沒什麼」這句話的意義為何嗎？

「沒什麼」這句話其實隱藏了數千、數萬個迫切的思念在裡頭。

（思念你、想念你、擔心你、想和你說話、想和你在一起、想牽著你的手、想跟你一起出去玩、我愛你、我現在好辛苦、請看到我的心、我好孤單、我哭了、我需要你……）

「沒什麼。」

沒什麼不只是沒什麼，
而是一個個焦急地呼喊著你的聲音。

現在是什麼都不要做的Timing

試著看一整天的天空吧！
如果可以看海更好！
試著凝視花苞綻放吧！
一定會有好運找上門的！

活著活著，一定會有這一瞬間：

當身心完全沒力、已經無法做出任何事情的時候；當無法
挽回並跌入深淵一樣，不管怎麼樣掙扎都看不到事情轉好
的時候；當感覺計畫、想法、決心、期待、欲望、夢想、
責任……等東西重重地壓在雙肩上的時候；雖然活著但跟
個活死人一樣，卻又不能死掉的時候……每當這種瞬間出
現，大家一定都想放下所有東西，逃到無人的空曠處。

我當然也曾遇到這樣的情況。

當時，我覺得世上所有人都好討厭、所有事情都好煩人、
所有希望都像謊言、所有神明所說的奇蹟都是無稽之談。
就算我狂喝酒，但我依然會把頭頂在牆上委屈地大哭；也
會因為覺得為什麼總是只在我身上發生這樣的事情而感到
委屈，甚至悲痛欲絕到不斷嘆氣。當時我的心一直都無法
平靜下來，而折磨與痛苦卻不斷加深。我甚至出現「乾
脆發生事故讓自己記憶消失說不定會更好」這種危險的想
法。最後，我發現自己再這樣下去，真的會出大事。

所以我決定離開。

我並沒有決定目的地，而是決定跟隨我的腳步而行。當我啟程半天後，抵達的地方是一個能看見大海的小廟──金堤望海寺。啊～望海寺……當我正在思考「到底是什麼樣的力量引導我到這裡呢？」時，我才想到，我二十幾歲、最幸福的時候，曾來過望海寺。可能是我想念當時的幸福吧！也可能是我想回到那段幸福時光吧！

我坐在庭院前，呆呆地看著遼闊的大海。這片大海就是西海，所以海浪並不如東海般波濤洶湧。不知道海浪是否也感到無聊了，開始試著翻來覆去，但殊不知大海依然風平浪靜、深不可測。不知道是我看大海，抑或是大海看我，就這樣時間消逝而過。看著看著，原本熱情四射、照亮大地的太陽彷彿想讓自己「冷靜」下來，開始潛入海平面底下。當我看著西海展現出的最美麗動人的夕陽秀，我的心也變得平靜下來。

夕陽西下，但我卻沒有任何行程，因此我便茫然地沿著車道周圍的路走著。這裡沒有太多的路燈，彷彿走在黑暗地獄裡，偶爾看到車道上呼嘯而過的車，我才發現自己原來還活著。

我也不知道自己走了幾天，
最後到了一個小小的蓄水池邊。

蓄水池旁可以看到幾個將魚竿放入蓄水池的人。雖然已經過了半小時、一小時，但卻連一隻鞋子都看不到，更別說是魚了。但這些釣魚高手的臉上一點都看不到焦慮或煩躁；似乎他們釣的不是魚，而是將時間丟到蓄水池裡一樣。比起執著於釣到魚，他們看起來是在將腦子裡的想法解開。我在遠處看著他們，看著看著，又過了半天。

幾天後，我回到家裡。

我依然無法做任何事。所以我坐在孝昌公園裡看著鴿子、看著下象棋的老人、看著嘰嘰喳喳跑來跑去的幼稚園學生，就這樣度過了一天又一天。我並沒有特地做什麼事，也沒有想做什麼的欲望，所以就這樣放任自己過了幾天。當我什麼都不做的時間越來越多，但我的心情卻不如先前

那樣平和下來。即便如此，這種單純、無聊的生活卻在我不自知的瞬間，開始默默地改變了我的心情。我對於人生的意義、希望、生存及欲望又開始被點燃。

經過很長一段時間，我才提振精神、重返我的現實生活當中。當我度過這段徬徨的時間後，我獲得了一些醒悟：

暫時什麼都不做的「懶惰」與「無思無念的時間」其實並非白費，反而賦予了我「什麼都能做」的力量。當我的生活和思考越是單純，我的心也越趨平和。試問，你現在是否肩負著自己無法負擔的重大壓力呢？你是否處在一種聽不到他人給予慰藉的處境下呢？你是否認為自己是這世界上最不幸的人呢？

那麼，建議你不帶目的地去走走吧！

試著看著藍天一整天，如果能一整天都眺望著大海那就更好了。直到花蕊綻放為止，就這樣一直看著藍天或大海吧！靠著大樹，就這樣看一整天吧！或者試著坐在公園的樹脂椅子上，睡個覺吧！不要想任何事、不要計算任何事，就把自己當作是一個傻瓜吧！不要追究任何事、不要負上任何責任、不要操任何心，暫時把這些雜念放下吧！

就算沒有你，這個世界依然會運轉，他人的生活依然會持續下去。

最後，我想分享一段過著修行人生的法頂僧人留下的一段美麗話語：

「幸福總是出現在單純之處。在某個秋日，將韓紙黏在窗框上，不受任何人侵擾，當午後陽光照射進窗裡時，該有多麼幽靜又美好啊！這，就是幸福的條件。」

愛著的
感謝奇蹟

我一直都知道，長在那樹枝上的葉子總有凋零、消失的一天；但我也知道，若春天再次到來，葉子凋零的那個地方便會再次出現新芽⋯⋯

愛情，也是一樣。

當畫上離別的句點，我們都會認為人生都結束了：沒有他的一天、沒有他並肩而行的街頭、沒有他的風景、沒有他的世界⋯⋯這，怎麼可能呢？想到這總令人感到可怕又悲傷，甚至不敢去想像。

但，我發現其實並沒有「盡頭」。人這一種生物的心真是奧妙：必定會在覺得已是盡頭的地方遇見另一朵花，必定會在這道牆的後方找到新的出路。

離別，一開始一定會不可置信；過了一天，眼淚一直掉，過了兩天，眼淚總是毫無理由地流下，到了第三天，眼淚卻和大雷雨一樣，不斷狂泄。

過了一個禮拜，「自己一個人」的這件事實讓人感到不習慣、不適應；但過了一個月、兩個月，發現自己還是有辦法撐過去。令人感到奇怪的是，突然離去的東西開始帶來一些新東西。「時間」這一個「醬料」被拌進失敗、痛楚、傷痕裡，原本被撕裂的心便開始癒合、堅韌，離別也是如此。有人說「哪有不痛的離別」，用另個角度來看，這也許是一個暗示你新的、不同的人生即將開始的「信號彈」。若你真的痛夠了，那麼現在就開始更加疼愛此刻的自己吧！

大文豪歌德曾説過這樣的話：

「我們是從哪裡出生的呢？我們是如何因愛而生、因愛而死呢？若沒有愛情，我們該如何戰勝自己呢？我們能夠因為愛情而找到屬於自己的愛嗎？若我們相信愛情，我們如何能讓自己不再哭泣呢？是什麼讓我們因為愛而不斷連接在一起的呢？那，就是愛。」

人，無法離開他人，
人，也無法阻斷愛情。

結束。

現在，真的結束了。雖然頭總是低低的，但你依然會被他人、愛情而吸引。我以為對我而言不會再有下一個了……在盡頭這個點上，一定會再開始、再次感到錯覺：這次的愛一定會永恆持久……。

我們明明都知道，但在愛情面前總是會成為不明事理的人、愚蠢的傻子；我想，這應該就是愛情的本質吧！看來，人類只能過著有愛情的人生吧！

總而言之，因為愛情而痛苦許久，卻因為愛情暫時綻放出微笑之花，抑或是明明知道卻依然無法拋棄愛情，愛這個東西，其實就是個令人感激的奇蹟，不是嗎？

成為一張椅子，
成為一杯咖啡，
成為一面明鏡，
聆聽你的心、撫慰你的傷，
用眼神對話。

第 2 章

真正理解他人
就是……

原來我過著
傻瓜般的生活啊

我想去任何地方，
我隨時都想離開。

但，
我真的能這樣做嗎？
要去哪？何時去？
我沒辦法下決定。

活到這麼大，
我曾讓自己負責過自己的人生嗎？
活到這麼大，
我曾向自己施捨過自己的愛嗎？

暫時，
為了尋找自己，我必須離開。
為了我自己，我必須學會去愛。

就算你只了解我的心

這世上沒有一種能夠醫治愛的奇藥，
如果有的話，就只是愛得更多罷了！

——梭羅

不要太過於苦惱，
如果你腦海中想不出安慰的話語，
你只要待在旁邊就好。

雖然我現在迫切需要溫暖的心，
但比起這個我更需要的，
是你。

你不用特地眨著眼，
不用特地嘆著氣，
也不用硬是擠出話來。
「加油，一切都會變好的。」
不要說這種無意義的話，
反而把你的心變得很沒誠意。

如果你沒有想說的話，
那麼，就安安靜靜地傳遞你的心就好。

用你的溫暖雙手給予我的雙手溫暖，
就算不是手也沒關係。

就算只有心，或者就算只有你開朗的微笑，
就這樣看著我，這樣就可以了、就足夠了。
我能讀到、感受到你的心，所以，不需要費盡苦心。
安慰的話、溫暖的話、賦予勇氣的話，
就是不是話語也沒關係。

有你在我身旁。
這樣，就會成為我的力量。

謝謝你，我很幸福，我會加油！

歲月的縫隙

以前，我都不知道。

為什麼每當我們吃完飯，爸爸總會拿著牙籤戳著整口牙齒。就連只吃蔬菜的那天也是，爸爸吃完飯總會拿著牙籤剔牙。如果那天吃的是烤豬肉，爸爸還會用舌頭發出吵雜的聲音，更加努力地「剔牙」。聽起來很骯髒，看起來也很寒酸……

到底，爸爸為什麼會那樣呢？

歲月，為我解了這個疑問的解答。

活到我這把年紀，身體開始出現這個年紀都會有的大大小小問題，我的牙齦也不再像以前一樣健康。看來，牙齦也無法承受著地心引力的威脅，慢慢地開始萎縮。風不斷在齒間來回，齒縫也越來越大。就算只吃蔬菜，依然還是會有菜渣卡住，吃肉時齒縫間卡住肉渣的情況更加嚴重。

某天開始，我的手裡也拿著牙籤。

一個看著我的小孩，
他的眉間因我而深鎖。

無法斷捨離也是一種病

我的房間裡一半都是東西，為什麼房間裡總是堆滿雜物、髒亂到了極致呢？

明明前幾天才買了兩個收納箱，但沒幾天房間地板上卻又散落著各種東西。

到底問題出在哪呢？為什麼我的房間總是雜亂無章呢？不知道是房間太小還是收納箱不夠？還是錯在無法整理的我身上呢？

因為那些物品，害得我的領域逐漸變小……

這房間的主人到底是誰？是我？還是疊著一層又一層的那些收納箱呢？就算換季，收納箱裡的物品應該都無法重見天日，一定是這樣。當我把物品放進收納箱時，總想著那些都是需要的東西；但很可能直到我死了都不會再多看它們一眼。

原來，它們不是必定需要的東西；對於不需要的物品的迷戀、執著與固執，反而把我的房間變成堆滿雜物的倉庫。

那麼，我的大腦裡到底堆了多少個收納箱呢？明明就知道自己不會再打開它，但為什麼還是自以為那些收納箱有多重要，因此不斷累積呢？無法斷捨離，也是一種病，一種可惡又惡毒的病。

現在，必須開始學會丟掉。
現在，必須學會如何放手。
那些不需要的想法、痛苦與淚水。

暫時說再見，我的秘密基地

我走到龍山站附近，經過勇士之家後轉進一條小巷。

從小巷子出來後，轉進銀杏樹樹葉飛揚的右邊小路後再走三百步左右。這裡雖然是首爾，但人煙相當稀少、散發著冷清的氛圍。所以我反而更喜歡這裡，就像是只有我才知道的秘密基地一樣，也像是和藏起來的戀人見面一樣，給人的感覺真好！

我抵達的地方，
就是不斷在原處生根發芽、位於地下室的二手書店——
樹根書店。

今天的二手書店老闆也依然在店門口不斷努力賦予從回收商收來的舊書新生命。神奇的是，這些一本本舊書就像是心肺復甦術成功一樣，心臟又開始跳了起來。每當我走在通往地下室的狹窄樓梯時，我的心總是非常雀躍，想著「今天又會是什麼樣的書來迎接我呢？」「我會和哪種書對上眼呢？」「哪種書能夠填滿我空虛的靈魂呢？」當我走上一階一階的樓梯，濃郁的書香也漸漸地飄來。

所見之處都是書、比我的身高還要高的書，
步步之下都是書。

我喝著書店老闆給的紙杯裝咖啡，陷入書香世界。每一頁
寫著的故事走進我心時，我的身心也隨之變得溫暖。啊，
如果被關在書之監獄的話，無期徒刑我也願意。這半天真
是幸福啊～我在黑色塑膠袋裡裝滿了每日專用的心靈表
格，帶著這些離開了二手書店。走過隨風搖曳的銀杏樹、
行經小巷，再經過勇士之家及龍山站廣場。

在我下次來之前，
暫時說再見喔！
我的秘密基地。

# 看不到的醜陋

我似乎拜訪了地獄兩天，我的頭就像地震來臨一樣，不斷搖晃、炸裂，體溫也隨之升高，高到彷彿體內不斷綻放煙火一樣。就連我的喉嚨也在這時候也找我麻煩，腫到無法吞口水。

我後來才發現自己小看了這一切其實埋下了日後的禍根：身體狀況不佳時，應該要早點去醫院就醫，但心裡卻想著「這都只是小症狀應該沒關係、過幾天應該就會好了」。結果因為我的不小心和懶惰，反而讓我的病變得更加嚴重。最後，我還是去了醫院。醫生診療過後，卻擺出了「問題很嚴重」的表情。我心想「再怎麼樣應該也只是個小感冒，醫生有必要這樣嚇人嗎？」時，醫生卻說我得了傳染性流感，可能會辛苦幾天，也有可能持續一週以上。

我原本預計痛苦會持續一段時間，但好險只辛苦了兩天。我對於自己身體恢復能力如此強大感到相當意外，我想這應該是因為我吊了點滴、打了針，還吃了五、六種藥才會如此快速恢復吧！當我心想「現在我終於可以外出了吧？應該可以見見朋友了吧？」時，醫生卻告訴我不要太急，必須在家持續觀察四到五天。

「身體沒事」只是自己的想法，並非醫生的意見。醫生告訴我傳染性流感病毒依然殘留在體內，所以在流感病毒完全消失之前為止，都必須乖乖地待在家。原來，眼睛看不到的更加可惡。就算我們能輕易違背老師或父母的囑咐，但我們卻很難違背醫生所說的話。所以我只好在房裡度過幾天跟熊一樣的冬眠生活。

在晨曦初露的朦朧時刻，我的腦海裡想到了她。想到在某個冬夜裡狂咳時，她用她潔白的手默默地拿藥給我。

雖然身體的確很不舒服，但這時候我反而感到更加幸福。但她現在在哪裡、做什麼呢？我的腦海裡想著「她潔白的手依然還是如此溫柔嗎？」就這樣度過了一晚。

就算沒生病，但還是不舒服的這個晚上，
雖然我很想她，但無法看見她的這一晚，
真是令人感到痛苦啊……

活得鬆一點吧！

雖然是柳橙汁，
但裡面並不是百分之百都含有柳橙；
就算是番茄醬，
但裡面並不是百分之百都含有番茄。
原以為這是含有香蕉的牛奶，
但結果卻只是個有香蕉香味的牛奶。
嗯嗯，不錯，
就算不是百分之百也沒關係，
因為就算不是百分之百，也是好好地活到現在啦！

我們不需要事事都追求完美，
就算我們在結冰的路上滑倒、手也跌斷了，但也沒關係，
因為「我」並不是個完美的存在。
就算留下一點瑕疵，也是策略的一種，
用另一個角度來看，這種「寬鬆」有可能會更好。

如果不知道，就説不知道，
就算看起來有點無知，
但至少能給人一種「人性美感」呀！
我要低頭，才能增加別人的志氣。

如果想哭，那就哭吧！
不要為了忍住不哭，
反而害你的心臟之後一次突然大爆炸。
雖然哭泣流淚是丟臉的事，
但這都代表著我們是活著的感性動物啊！

就算不是百分之百，那又怎樣？
能夠達到百分之百完美，那才奇怪呢！

試想，如果天上佈滿了雲朵會怎麼樣呢？
一定會喘不過氣吧？
如果整片樹林充滿著大樹又會怎麼樣呢？
一定會很鬱悶吧？
雲朵不會佈滿整個藍天，
大樹也不會種滿整片樹林。

留一點空白，

有一點不足，

這，才是美麗，才是悠閒。

不要硬逼著自己填滿不足，

不要硬逼著自己結束所有事情。

在當你為了填滿不足而不斷掙扎的時間裡，

在當你為了變得完美而不斷折磨自己的時間裡，

試著躺下來看看藍天、看看森林，

你一定能慢慢地感受到藍天、森林裡空白的幸福。

沒錯、沒錯，就是這樣……

寬鬆地活著吧！

不完美，又如何？

完美，才是不正常的！

比起「加油」
這句常聽的話

有一個因為意料之外的大病而已經住院一年的人。
他的家人、親戚、朋友們都會不定時地到醫院探病。

「加油，活著活著什麼事都會發生的。」
「大病痊癒後，一定會有好事發生的！」
「不要過於消極，知道嗎？」
「平常就應該小心一點啊！到底為什麼會這樣啊？」

每個來探病的人，都向這名患者說出鼓勵與激勵勇氣的話語；但這名患者卻並未因他們的話而感到慰藉，在他耳裡聽起來，這都只是忠告或訓誡罷了！

某一天，這位患者的小學同學來探病。

「我們一直都沒有聯絡所以我到現在才知道，對不起，我太晚來看你了。」

說完這句話，患者的小學同學緊抓住患者的手，又說了幾句話。
當小學同學說出幾句話的瞬間，這名患者突然眼淚直流。
因為自己住院這麼久，雖然許多人來探病，也說了很多鼓勵自己的話，但他卻一次都沒掉淚過。

到底是什麼樣的話，讓這名患者感動到哭泣呢？
到底是什麼樣的話，真正地理解了患者的心？這樣的話又如何撫慰了患者受傷的心呢？
之後，我再告訴各位這位小學同學所說的話；在那之前我想說的是，我們遇到身心受創的人大多會說這樣的話：

「雖然很辛苦，但也沒辦法啊！還是要加油才行！」
「現在雖然很辛苦，但以後一定會有好事發生的！」
「越是這種時候，你的心就越得更堅強。」

這些話當然都是對的，但對於當下身心已經感到相當辛苦疲累的那個人，這都是無法被聽進去的話；所以這些話都無法成為有用的慰藉。對這個人而言，現在當下所需要的是能夠和他一起哭泣的心，以及理解他心情的溫暖話語。

這一句話並沒有多特別，但也沒有什麼不一樣。
就是這一句話：

「你過去一定很辛苦吧？
一想到你過去很辛苦，我的心真的很痛。」

「加油」這句話是一句相當常見又常聽到的話；對現在這個人而言，他所需要的並非是賦予他力量的話，而是理解他的心、與他站在同一陣線上的心。

椅子

放著
這麼多張椅子，
為什麼你
偏偏坐在我心裡呢？

若你決定坐在我心裡，
是否應該喝杯茶、
和我對話、
綻放我的心花，
為什麼一坐下就又走了呢？

當他離開後，
那個地方
這一輩子就像一張椅子一樣，
不斷等待著下一個人。

送到遙遠的遠方後

1
在永遠無法再見面的
重大離別面前，
茫然地崩潰、
放聲大哭，彷彿才是幾天前的事。

但沒過幾天，
我開始感到睡意、感到飢餓，
睡意連連⋯⋯狼吞虎嚥⋯⋯

為了活下去，
啊，我這樣的人類啊！

真是可憎，
人生真令人感嘆。

2

事情發生時，我不斷地大哭、感到慌張。不知道我到底大哭了多久，全身血壓變低、體內蛋白質和體力都流失，甚至還昏厥過去。我的嘴就像是店面鐵門深鎖一樣遲遲不開，就連一滴水、一粒米都無法入口。就像是在一片荒涼又看不到盡頭的波濤洶湧大海中，獨自漂浮在海面上的浮標一樣，我找不到支撐我的心的地方；我真的無法接受，也承受不了。

想念、愛戀這種話也說不出來，腦袋裡想的都只是「以後該怎麼活下去？對以後的人生感到茫然，對所有事情的發生感到突然、無語」罷了！
但就在四天後，很奇怪的是，我的眼淚突然停下來了；肚子開始感到飢餓、感到口渴，開始有睡意，腦袋也開始變得清晰。原本陪我一起大哭的人一個一個離開，我也開始好奇前幾天無法確認的電子郵件內容。

再次回歸到日常生活當中。

一杯咖啡，下午特地到書店翻閱新出版的書籍，晚上則在「飯捲天國」裡買紫菜飯卷回家，邊看電視、邊享用晚餐。我過了沒什麼大事的一天，而我預計明天也一定會如此稀鬆平常地度過。那件大事發生還不到一週，但卻給人一種已經過很久的感覺。也許是因為我還沒感受到那件事的真實感吧……

這幾天我一直感到很淒涼，為了那個人，我所流的淚就只有三天的量嗎？與他給我的東西相比，我的淚也太少了。真的除了抱歉，還是抱歉。

因為對不起，所以我愛你。

隨你要怎樣

微風輕拂。

但即使如此，也沒什麼會變得不同；我們還是得走下去。休息一次，沒多久又會想停下休息。一次變成兩次、兩次變成三次，最後，我們的心就會像屁股一樣跌坐在地上，放棄前進。就算知道「再往前走一點點就會到」這句話是謊言，但無論如何都要走下去。因為當你停下腳步的那一瞬間，你的未來、你的人生也會因此而停止。

細雨直下。

但即使如此，也沒什麼會變得不同；我們還是得繼續做夢。停止做夢，我們的日常生活反而會變得無聊，人生反而會變得更加沈重。在名為「沙漠」這一條人生道路上，夢想就像是海市蜃樓和綠洲。就算這個夢想可能會和觸碰不到的海市蜃樓一樣草草結束，但那又如何？至少在做夢的期間，一定會是幸福的。光是這一點，我們的夢

想就有價值、就有意義。夢想並非只能拿來「想」，而是必須常「拿出來看」。因為心存夢想，才能讓今天活力四射；因為心存夢想，才能期待明日希望。

花朵凋謝。

但即使如此，也沒什麼會變得不同；我們還是得重新開始。花朵凋謝並不代表死亡，這朵花會再次綻放。她會承受風雨和害蟲的攻擊，因為花朵知道唯有承受這樣的痛苦，春天才會再次到來。跌倒一、兩次看似並非什麼大事，但在跌到數百次、數千次之後，這些花朵依然再次綻放，最後走出自己的美麗。當我們開始的這一瞬間，失敗便會成為過去，也會成為全新一天的主人。

微風輕拂，細雨直下，花朵凋謝。

隨便你要怎樣，
沒錯，我們必須好好地活出自己的人生。

超前趕往卻到了地獄

一九九四年，當時二十三歲的他負責撰寫廣播節目腳本，
以MBC電視台綜藝節目《星期天、星期天夜晚：李輝才的
人生劇場》裡的「嗯，我決定了！」這一句流行語華麗打
進廣播界。

一九九五年，當時為二十四歲的他，作品《清湖洞舊路
口》被評選為《朝鮮日報》新春文藝劇本部門優秀作品，
正式成為劇本作家。更藉由電影《A Hot Roof》劇本進軍
電影圈。

二十五歲那年，他以舞台劇導演之姿在大學路登台。

二十七歲那年，他首次以電影《The Happening》的導演
之姿在電影圈裡打響自己的知名度。

這是誰的二十歲時期呢？

大部分人在二十歲時期都為了準備就業而不斷與美好青春對抗，更受現實生活壓力的壓迫因而不斷徬徨；但也有人在二十歲時期就已經將自己的領域成功橫跨到電影圈，並且不斷地實現成功——這就是電影導演張鎮，他的二十歲時期面貌。

現在已經成為中年男子的他，曾在某場演講當中說過：自己當時不但對自己感到相當自豪，驕傲更是直達藍天之高。所有人都叫他天才，所以他也曾思考著自己是否真的是天才。因為他在二十幾歲的時候，就已經藉由優秀的直覺及拍攝指導能力，讓自己走到人生巔峰。

但在某一天，當他結束工作在回家的路上時，當時雨下得相當大；大到伸手不見五指，所以他只能慢慢地開車回家。但當時後方卻有一台車似乎有什麼急事，在這豪雨狂瀉的夜晚裡，奔馳而過。

「雨下這麼大，開這麼快很危險耶！」

當他到家後，張鎮導演突然想到剛剛在大雨中奔馳的車子，並在筆記本上寫下這一段話：

「當我到了目的地，才發現這裡是個地獄。
走到這地獄的途中，我超車太多次了。」

那天以後，張鎮導演開始反思自己的生活。他領悟到「人生重要的不是速度，而是是方向；比起快速抵達目的地，在人生旅途中所獲得的經驗更加珍貴」這一真理。正因如此，這也成為他放下曾經趾高氣昂的自己的契機。這句話是張鎮導演在年輕時所寫下的，但卻在我的心中留下長久餘韻。

「當我到了目的地，才發現這裡是個地獄。」
好像真的是這樣。

現在的我正走向人生中半時期，而我卻開始轉頭回顧過去我曾走過的路，思考著：

「現在的我到底正往哪個方向前進呢？」

「我現在走的路真的是我心中想要的嗎？」

我是不是就連悠哉欣賞橘紅落日的時間也沒有，為的只是不落後於他人而不斷向前奔跑？我是不是只叫喊著「快點！快點！」反而錯失了更重要的價值與幸福？

結果到頭來才發現，就算走這麼快，最終目的地也還是死亡，到底為什麼要走得那麼急……

應該要這麼做才對！

我們必須打開心靈之窗，讓悠閒與從容走進心中。倘若抱著「必須與他人競爭」的想法，那麼我們必定會產生「總是被追趕」的感覺；我們的競爭對象是自己，也必須不定時檢查自己的夢想與自己的腳步。我們必須學會用自己的方式控制自己的情緒與行動的腳步，也必須擁有目的。在這個凡事講求速度的時代，速度固然重要，但若在決定日後預計停泊的港口之前貿然出航，夢想之船必定將在茫茫大海中迷失方向，甚至可能忘記自己當初為何會出航至此。若沒有目的，每當遇到小浪，抵抗的意願及畢生欲望都將消失。沒有目的的人生就是一種沒有發展、令人感到疲累的人生。

生態主義先驅者亨利‧大衛‧梭羅曾在自己的著作裡如此說道：「我們在前進成功的路上，為何如此急躁、無計畫地向前衝呢？如果一個人跳著與周遭人士不同的舞，那只是因為他聽到的是不同節拍的音樂；不管音樂節拍快慢，或是否能從遠處隱約聽到，都讓他隨著音樂起舞吧！他不需要和蘋果樹或橡樹一樣，一定得快點變成熟，不是嗎？」

如果前往的方向是對的，如果在那旅程中蘊含了幸福與夢想，就算起步晚，那個人生也必定會變得美好且有價值。我希望大家不要為了超前而踏上走向地獄之路。慢慢走、持續走在屬於自己的道路上吧！總有一天，當我們在那條路上相遇，就給對方一個溫暖的微笑吧！

給對方一杯水或勸一杯酒，
分享自己一路走來的人生故事，
一起成為美麗之花吧！

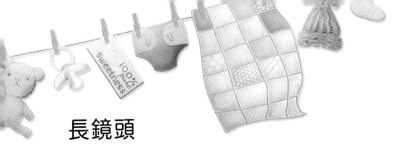

長鏡頭

熱情是好的，但要維持下去卻很難。

就算是能量滿滿的人，他的熱情最長也只有一年，喔不！更長的人可能有兩年。愛情也是一樣。愛情，多麼讓人雀躍的詞啊！但我們卻很難維持當初所感受到的雀躍。就像是每到春天，樹葉便會變得綠油油，但這樣的葉子到了秋天就會自動沾染上秋色；我們當初所感到的雀躍也會因為時間流逝慢慢地褪色，原本看似不會改變的愛情，也淪落為義務、甚至是人生的一小部分。

雖然總會有人說：「我才不會這樣」，但事實絕對不如你所願。雖然每個人都會這樣說，也想將熱情、愛情的價值維持在最一開始的狀態，但其實我們不需要對於離開的人事物感到抱歉或罪惡感。熱情冷卻、愛情變得不再重要，這都不是你的錯；因為原本就是這樣——在歲月面前，所有事物終將失去力量。

人生是一個長鏡頭。

不是一部只有16集的短系列電視劇，而是一部大河電視劇。煙火般的熱情也好，熱騰騰的愛情也罷，這樣的情緒狀態無法永遠持久，也無法維持到最後。只要我們在有限的時間裡、獲得的機會中、所處的狀況下盡力，那就足夠了。人生比的不是誰更熱情，而是誰能夠在這漫長人生當中更不會感到疲憊。不是看誰更能夠為愛情付出生命，而是看誰能夠在這平凡無趣的人生當中更不去怨恨。

人生，是一個慢慢拍攝的長鏡頭。

我們無法編輯人生、無法用金錢購買歲月，因此，希望我們都能在這場與無聊人生打仗的過程中、在面對愛情的情況下成為最優秀的演員。來吧！Ready，Action！

春天，把誰怎麼了？

讓人眼花撩亂的春天。

到處都是花蕊如同爆米花般飽滿的鮮花。若是喜歡度過悠閒週日的人，一定很少人喜歡每週之始週一的到來。但我們對於季節之始——春天，卻不這麼想。我們會等待溫暖春天的到來。雖然可能是因為春天的陽光溫暖，但其實更重要的是，春天，是一個能讓我們開始某個新事物、一種賦予新希望的季節，也讓人感到雀躍。

冬天時，我的身體一直都很不舒服。

雖然醫生突然問我「你的人生靠什麼樂趣支撐呢？」時，相當令人感到詫異，但在我回家的路上、踏著一步一步的腳步，這個問題也隨之浮現。我的人生靠什麼樂趣支撐呢？春天即將到來，但我呢，不，人們卻依然無法解出這個問題。過去，靠什麼樂趣支撐了自己的生活？未來，又將透過什麼樣的樂趣來活出自己的人生呢？如果我解開這道題，我的春天也會來臨嗎？

很快地，刺骨冷風已變成溫暖春風；荒涼的大地就像是披上春天的外衣，而一直無法找出解答的我的心，彷彿也迎來春天。

我試著靠近花蕊聞香。

雖然，花蕊還沒散發出花香，但我還是聽到了她跟我說的悄悄話。花蕊這樣跟我說：

不要為了尋找而感到苦惱，否則苦惱只會越來越多。

讓人感到雀躍的春天。
花，很快就會綻放；蝴蝶便會隨花起舞，花香，應該也會乘風而行吧。

春天，看著我；
春天，看著你。

去感受、去接受，像花一般的凋謝、又綻放。

我想，這應該才是解答吧！

所有事情都會變好的，因為這就是春天啊！

因為這就是春天！

我們錯失的限定版

「真正幸福的日子應該是帥氣美麗的，

不是發生什麼令人印象深刻或大事的日子，

而是像擠出一顆一顆珍珠般，

這平凡又簡單的喜悅，

在無聲無息中延續的每一天才是幸福的日子。」

──《紅髮安妮》

當講到原子筆時，有一個會讓人最先想到的品牌、也是原子筆的代名詞。就是MONAMI原子筆。

它價格便宜，就算丟失也不會心痛；所以我總會一次囤下一把。在我桌上處處可見，房間裡也總會放上好幾支，就像緊急常備藥一樣，以備不時之需。無聊的時候，我也會轉筆或是不停按著筆上的彈簧；當筆尖寫久了出現筆墨結球時，也會用面紙擦拭。

在每個韓國人的記憶裡佔有一席之地的MONAMI原子筆最近為了紀念開賣五十週年，因此該品牌決定銷售帶有高級感、成熟感的限定版「MONAMI 153 Limited 1.0」，數量僅限一萬支。價格約兩萬韓元左右，但事情卻出乎人們的意料之外。

大家為了買到限定版，一個個都前往搶購，所以商品一上市便搶購一空；在某個競標網站上，該限量版的原子筆價格更從原價兩萬韓元大漲至三十萬韓元。

另一個是超人漫畫的故事。

傳言在美國某個線上競標網站上，一本超人漫畫價格以兩億韓元得標；獲得如此高價得標的漫畫發行於一九三八年，是超人首次登場的作品。

那麼，為什麼MONAMI原子筆和超人漫畫會引發如此驚人的現象呢？解答就是「稀有性」。如果一個東西是我們下定決心馬上就能買到或是處處可見的東西，那麼它的價值便不會高到哪去。但若一個東西在一定時間內沒買到就再也找不到、甚或是數量稀少，但想購買它的人卻很多時，這個東西的價值當然會不斷扶搖直上。

雖然有時當我看到超高價格總是覺得好奇，但另一方面卻又能理解：只有我獲得別人無法擁有的東西，這能讓人產生一股快感。當然，其中想必也一定參雜著「這次買不到的話，就永遠買不到了」的不安吧！

不知道是不是因為這樣，所以店家銷售商品時常利用人們的這種心理。我們總能看到各個電視購物或大型超市裡都會貼著「限量拍賣」、「最後的機會」、「只有今天大特價」等文句，原因便在此吧！

人們總為了稀少性或限定版豁出自己的性命，
但有一個我們不容忽視的事實：只有MONAMI
原子筆有限定版嗎？只有超人漫畫具有稀少性嗎？答案是
否定的，若要仔細深究，這個世界上沒有什麼是永遠的；
所有東西都有其稀少性，都是限定版。

愛情，是永恆的嗎？

幸福，是永恆的嗎？

性命，是永恆的嗎？

人類，是永恆的嗎？

空氣，是永恆的嗎？

樹木，是永恆的嗎？

總是存在於我們身邊、總是讓人感到熟悉的東西讓我們產生「它們是永恆的」的錯覺，正因如此，更讓我們忘了這些東西的珍貴。

因為我們總認為現在每天出現在我們身邊的人一直都會與我們相伴，所以我們總用不好的態度對待他們；即使令人感到喜悅及享受的瞬間到來，我們總是提前擔心根本就還沒出現的不幸，導致我們無法盡情享受那瞬間的幸福。

我們總以為我們會長生不老，所以放任我們的身體與心靈，還故意砍樹、折花。這世上的所有東西都是我們不能錯過的東西，也不能因為人類自私的意願讓他們消失。尤其是人心，人心當中，愛情更是如此。如果過去你無法傳達出你愛對方，那麼就從現在開始吧！如果過去你無法給予什麼，那麼就從現在開始給予你的心意吧！如果過去你一直過於惜字如金，那麼就當作這是最後一次機會，大膽說出來吧！

就把你的生命押在名為「愛情」的限定版上吧！因為這比任何東西的限定版還要更有價值、更加稀有。對我們而言，表達愛情的時間並不如想像中的長，因為世界末日可能明天就會來臨。就在明天到來之前的現在這一瞬間，付出我們的愛、傳遞我們的愛吧！

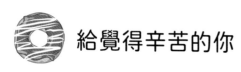# 給覺得辛苦的你

撐過慘痛失戀的人，是不同的。
因為他們想變得更強大、變得更深不可測。

在這樣的過程中，一定會有所成長，
也會獲得新的機遇。

這意味著真正的蛻變成人，
也意味著了解何謂真正人生。

現在，這一瞬間，是否感到辛苦又疲憊呢？
即便如此，只要不跌坐下來就好。

就算是你跌坐下來的位置，依然會有在春天綻放、散發美
麗的花朵種子。也一定會有將你的夢想與幸福往前推進的
海浪在拍打。

加油吧！我的我，你的你。

人就是問題，但人也是解答

有一次我站在弘大入口站、某速食店前等朋友，但卻有一名不認識的女大學生向我走來。

「你在等人嗎？」
「嗯，但⋯⋯請問你是⋯⋯？」
「喔，你肩上的包包帶子打結了。」
「啊！喔！謝謝。」

就這樣我們的對話自然而然地開始，這名女大學生也一點都不顧忌，就像是剝洋蔥一樣一直講著自己的故事。她說她不喜歡待在家，也不喜歡去學校；也說如果有機會，她想到一個沒有人知道自己的外國住；還說了自己好像得了憂鬱症。
她過於直率的坦白雖然讓我感到有點荒唐，但另一方面我也覺得感激；她讓我不知不覺感到親切。

「個性這麼好，也長得這麼可愛，怎麼會這樣呢？」

「我也不知道，可能是我很奇怪吧？」

這名女大學生告訴我，她相當獨立，無論做什麼都喜歡自己一個人完成——逛街買衣服、旅行、在餐廳吃飯，都是自己一個人。自己一個人逛街或旅行也許會比較方便，但就連身為男性的我一個人在餐廳吃飯都有點……，聽到這裡時，我的心也不自覺地感到難過。

沒多久，我的朋友抵達，所以我也和這名女大學生結束了對話。

回頭一看，這名女大學生似乎又向其他人搭話。在我不解地思考的過程中，我們也找到一家簡單的小酒館。

我和朋友許久不見，因此我們聊了許多心裡的話，夜深人靜時，當我走在回家的路上，腦中想起了那名女大學生的話。她說她喜歡一個人過生活——這是真的嗎？一定不是實話。雖然我不知道那名女大學生身上發生了什麼事，但依我推測，她一定是因他人而受傷。為什麼呢？因為一個

獨立心再強的人，一個人生活還是會出現不便。

人類是一種孤獨的存在。

有時候我們必須依賴她人，有時也會提供他人協助，這就是人類生存之道。我想，這名女大學生應該是害怕自己又因為他人而受傷，所以才把自己監禁在「獨自一人的人生」這座監獄裡吧！

害怕他人的心情的另一面，也一定藏著這個人非常懷念與他人在一起的心。雖然我不知道這名女大學生知不知道，但因他人而遭受的傷害最後還是得藉由另一個他人出現才得以治癒。這名女大學生一定知道這個道理，否則她也不會主動來和我説話了。

我也曾經因為他人而深陷於孤獨與淒涼之中，為了逃離這樣的困境，我也提起勇氣、再次走向他人。沒錯，最後，還是「人」。

我當時還寫了當下的心情，
就讓我與各位分享。

再也不用淚眼紛紛，
從現在起我不需要再獨自前進了。

即使是下雨的一天，
蝴蝶依然會聞香而去；
即使是霧氣瀰漫的凌晨，
汽車依然會奔馳在它朝思暮想的馬路上。

不管我再怎麼樣地下定決心，
人依然無法獨居而生活。

相遇，
若害怕與人相遇，
有可能是想遇見更加真實的人，
也許是這樣的迫切感所致吧！

冬天來臨之前，
人生走到盡頭之前，我們必須相遇。

無論是誰，都會因為他人而不斷在人情冷暖中來回徘徊；也就是受傷與治癒的反覆循環。但我們沒有必要因此而去逃避它。若逃避它，那麼我們得獨自承受的東西太多了！為了克服這些傷害，最後我們還是得開啟那扇窗、接受它才行，對吧？

人是問題，
但人也是解答。

這個瞬間的人生
也不斷在消逝當中

今天一整天，我一句話都沒説。

因為今天沒什麼事，所以我連家門都沒開過。

現在一想，我昨天也是一樣，連續兩天，但我所説的話應該沒幾句。不，我所説的應該也不能算是「話」，因為那都只是我看著電視上的搞笑節目而發出的大笑罷了。

不知道是我想念人的氣息？還是我想念話語的聲音？就在我搞不清楚的過程中，時間流逝，已到了得開燈才能看書的夜晚。

我發出聲音、讀著書裡的內容。

哲學家斯拉沃熱・齊澤克則説過這樣的話：

「我們總是提前知道自己的命運，並且努力避免遇上那樣的命運。但原本預計發生的命運成真，也是因為透過我們的逃避而產生的。」

雖然這句話讓人似懂非懂，但很清楚的是，
我的確開了口。

雖然一個人跟自己說話是件奇怪的事，但在讀書時自己讀
出聲音並不如此；這是一件不奇怪的自然行為。總而言
之，當我說了話，我的心也似乎感到慰藉。

我一直閱讀到瞌睡蟲上門，
所以我也閉上了雙眼。
雖然我下定決心明天一定要出門，
但如果明天沒什麼要出門處理的事情，
我還是決定待在家就好。
雖然我會怕自己的人生是否會因此結束而感到鬱悶，
但就算真的如此，我也沒辦法。

因為，這也是人生；
不，應該說
活著的過程中放棄等待、
活著的過程中忍受思念，
有可能就是我們人生的全部。

換鏡框

換眼鏡不到一個月，我的新眼鏡鏡框就斷了。那一瞬間，我的世界陷入黑暗。若我出生在以前的時代，我肯定就得和盲人沈奉事稱兄道弟；但因文明發展，讓我因此受惠，還能透過眼鏡窺看整個世界。

熬了一整夜，天一亮我就前往眼鏡行。鏡片沒什麼事，預計換個鏡框就好了；但店家卻說他們沒有可搭配鏡片的鏡框。沒辦法，我只好選擇比原本鏡框還小的新鏡框。

眼鏡行老闆為了將鏡片塞進新鏡框，開始用機器研磨鏡片，嗡嗡嗡。

不到十分鐘，新的眼鏡就此完成！

我戴上新眼鏡，但卻發現問題：鏡片被磨小，導致無法對焦，讓我的眼睛感到不適，頭也相當暈。

「怎麼會這樣呢？」

「一開始戴都會這樣，很快就會適應了！」

「啊，好的。」

我一整天眼睛都不舒服，
頭也暈了一整天。
但神奇的是，
兩天後、到了第三天，
原本眼睛的不適停止了，
我的世界不再轉來轉去；我已經適應了。

啊，適應，
人生好像也是如此。
現在雖然感到辛苦，但相信到了明天就會沒事；
現在雖然感到痛苦，但希望時間一過那傷痛便可撫平。

就是這樣配合著過下去，
就是這樣適應下去，
我小心翼翼地想著，這應該就是人生吧？

我曾給予他安慰、鼓勵，
仔細聆聽、信任與擁抱。
但事實上我卻忘了照顧自己。
短期內，我要先擁抱自己了！

第 3 章

短期內我要
先多關心自己了！

記憶放在大腦裡，
回憶放在心裡

我不喜歡記憶。

它總讓我感到邏輯條理分明、讓人抗拒。「你記得那件事嗎？」這句話裡彷彿充滿著強制性，說著「如果想不起來，就自己看著辦；無論如何一定要想起來，把所有成果都拿到我面前！」，就像是一個受審的犯人一樣。

如果你問我「記憶不一定是這樣的啊，你為什麼會這麼想呢？」的話，我可能無話可說，但我對於記憶的感覺就是如此；所以我不喜歡記憶，也不喜歡記什麼事情。

我喜歡回憶。

回憶，短短兩個字，但這裡面可以聽到孩子們的嘎嘎笑聲，也可以看到腳踩細砂的戀人腳印，也可以聽到發酒瘋後靠在肩上睡著的前輩打呼聲。

回憶，試著把這兩個字放在嘴上。

多麼甜蜜啊！就像沾滿糖粉的甜甜圈，甚至是比甜甜圈還要甜。多麼欣慰呀！雖然無法抓在手中，但眼神卻貌似快要閉上般恍惚。回憶裡不會存在著不好的記憶，如果一個回憶是壞的，那就不會是回憶了。

雖然人們常說受現實而苦的人們執著於回憶，但這並非絕對。回憶就像是無聊時拿出來品味的零食，無論何時何地咀嚼，都能嚐出甜甜的滋味，不膩而沉醉。

記住某個東西必須用上大腦，
但回憶某個東西卻必須用心感受，
所以我喜歡回憶。

今天，就讓我們停下記憶、尋找回憶吧！

愛不是去發現的，
而是去保護的

《小王子》裡的沙漠狐狸曾這樣說過：

「愛情是把它變成一種習慣。」

那麼，為了讓對方「養成」習慣，該做些什麼呢？

我想應該就是「經常」吧！

常常見面、常常照顧對方、經常分享自己的心，如此一來雙方的關係才能變得更加穩固，慢慢地開始依賴對方，最後才能合而為一。也就是說，必須經常付出時間與真誠，才能讓對方「養成」習慣。

然而，愛情的本質就像是孩子們對待玩具的態度一樣，一直朝思暮想、迫切想擁有的玩具若真的到手，很快就會變得平凡不奇、變得無趣。

一個聲稱就算付出自己的生命，也會選擇愛情的人，他的迫切感也會逐漸隨風飄逝，最後只剩下木訥與不關心。當對方真正成為自己所有物的那一瞬間，原本的熱情也會被澆熄……

養成習慣意味著變得熟悉，

那麼變得熟悉是否就意味著那份珍貴漸漸消失呢？

所以才會有下面這句話吧……

「愛情不是去發現的，而是去保護的。」

你想要擁有真正的愛情嗎？
真正的愛情，始於愛上之後。
不要總是努力去發現新東西，而是去保護他原本的樣貌、
相信他的心。

當我呆呆地坐在木頭椅上、等著某人，一位老人向我走
來，並問我：

「你在等誰啊？要等到何時呢？」
「我要等到他來為止。」
「你這樣等下去只會等到跟我一樣老，快走吧！」
「您叫我快走？走去哪呢？」
「去找你昨天遇見的那個人，在他那裡必定能找到解
答。」

我們總是夢想著遇見新的緣分，
因為我們期待著遇到新緣分，
認為這樣就能過著新的人生。

但緣分並不是出乎意料之外的事，也不是一個充滿驚喜的派對。

說不定你已經是一個很好的人，說不定你身邊已經充滿著珍貴的人，只是你自己不知道罷了！

不要執著於遇見新的緣分，
專注在自己身邊的人吧！
改善與他的關係，再從那裡尋找解答。

珍貴並不遠，它總是在你身邊。
能賦予你奇蹟與幸福的人，
就在你伸手可及的地方等著你。
保護心底的那個人，跟他再次開始吧！

因為這是一個活生生的人生

有一個站在悲傷懸崖上的女人，她對於人生已無眷戀，她下定決心要結束自己的一生，但卻又踏不出那一步。

「沒錯，就讓我問最後一次吧！」
所以這個女人找到一名賢者，並向他哀嘆自己的處境。
「為什麼我的人生總是充滿著悲傷呢？」

「讓我告訴妳答案為何，在那之前，妳必須先完成一件事。」
「什麼事？」
「找到沒有悲傷的家，去把他家的湯匙拿來給我。」

這個女人找呀找，不斷在家家戶戶旁尋找，但要找到一個不存在悲傷的家並非易事。

這個女人最後回到賢者那，卻是空手而歸。

「妳為何空手而歸呢？」

「我找不到不存在悲傷的家。」

「這就對了，這世界上沒有一個人不曾有過悲傷，
也沒有一個人的人生是不存在悲傷的。
但他們並不會都走到懸崖上，對吧？
重要的是去接受這分悲傷、去戰勝悲傷的意志。
妳理解了嗎？
不是這個悲傷的狀況把妳逼到危險之境，
而是因為妳沒有跳脫這悲傷的意志，
所以妳才讓自己站在懸崖上。」

這個女人聽聞後才恍然大悟，也因此才抓住人生的那條救
命之繩。

沒錯。

「人生」這傢伙有時候總是讓人似懂非懂，有時候會無情
地把我們逼到無法逃離的角落。

無論我們如何掙扎、如何大聲呼喊，但依然無法逃離，逼
得我們沒辦法，只好舉起雙手雙腳，並在心裡丟出投降的
白旗。就在這一瞬間，「人生」這傢伙便會默默地走來，
並在我們耳邊說著悄悄話。

「你不能在這裡這樣喔！你再想想看，你做得到的！」
而我們便因為這一句話，再次站起。

但「人生」這傢伙也只會賦予我們能夠站起來的力量，
既然站起來了，接下來就要開始向前走了，
而這也是我該做的。
走著走著，又被逼到角落時，
「人生」這傢伙便又再次出現。

「你要在這裡結束一切嗎？趕快站起來！」

十分鐘的休憩時間，
之後「人生」又開始催促著，要我跑起來。

就這樣，當我看向時鐘，發現一轉眼就到了人生中段。
雖然難過，但還是呼喊著「再一次」的人生；
雖然痛苦，但還是下定決心「再做一次」的人生。
這，應該就是人生吧！因為它是活生生的人生啊！

你能走到這裡，真的辛苦了！

那段時間，你一定很辛苦吧？
那段時間，你一定很難過吧？
那段時間，你一定很悲傷吧？

看著總是低著頭嘆氣的你，
看著吞下眼淚、假裝沒事笑著的你，
我真的好替你擔心、好不安。
但，你還是堅強地撐過來了！
你沒有因此而倒下，你咬牙撐過來了！

今天，也是辛苦的一天吧？
你不用說出來，我也知道。
但怎麼辦？明天可能也會像今天一樣辛苦。
但即便如此，我們一起決定不提前擔心。
只要想著現在、這一瞬間。若能做到，就真的很棒了！
光是站在這裡，不被打敗，就已經相當的優秀了！

今晚，什麼都不要想，

只要用韓國最舒服的姿勢休息吧！

雖然你的心可能無法因此而被填滿，可能會感到空虛，

但至少今天就先稍微把你的擔憂放下，

享受你想吃的東西吧！

炸雞、豬腳、比薩、雞腳、血腸、泡麵、水餃、炸物、糖醋肉……

也可以小酌一杯，

因為，你完全具有這樣做的資格。

吃一口，看一眼天上繁星；

吃一口，擦去你的眼淚；

吃一口，做著愛人的夢；

吃一口，稱讚一下一直都堅強撐過去的自己；

吃一口，為努力為未來奮鬥的自己加油打氣；

就這樣，為今天打下完美的句號。

那段時間，你一定很辛苦吧？

走到這裡的你，真的辛苦了！

轉動正向踏板吧！

詩人亨利‧華茲華斯‧朗費羅曾送走自己深愛的人。

他曾有兩任妻子。

第一任妻子因為長期與病魔抗爭，最後因病而逝。

第二任妻子則因為廚房失火，最後慘遭火焰吞噬而逝。

試想，昨天還一起呼吸著世上的空氣、一起吃飯、一起作夢的另一半，一夜之間就消失的話，會是怎麼樣呢？這衝擊當下會讓人感到煎熬、空虛，久而久之也會因此而感到心痛。任何人的慰藉都無法治癒他，也無法填滿他因而空虛的心。

但朗費羅卻堅強地撐過來了。雖然他心中依然有未乾的淚痕，但他依然努力用微笑去唱出美妙之歌。

「那棵樹很老了，但每年那棵樹都會結出又甜又美的蘋果；這都是因為每年都會發出新芽。」

原以為那棵樹已經死了，但現在卻發出新芽。就算煩惱堆積如山，就算眼淚總是止不住，就算要處理的事情滿山滿谷，但現在這一瞬間，黑暗已被擊破，新的一天又再度亮起。

不要嘆氣，若你用嘆氣開始新的一天，你的一天將會以嘆氣結尾。試著微笑吧！用微笑開始新的一天，你的一天便會以微笑結束。既然要做、既然要活、既然要過，那就讓我們有活力地開始吧！前輪若是以活力之姿轉動，後輪也會跟著快速轉動。雖然，要挽回你的心很難，但就讓我們試試看吧！

轉動正向的踏板吧！

現在的我是誰創造出來的呢？

命運只會讓惡作劇不斷糾纏怪錯他人的人，
但卻會為有勇氣的人打開新的道路。

——馬丁·路德

若悲痛找上你，你第一個浮現的想法是什麼呢？
為什麼是我？別人都平安無事，為什麼偏偏是我？
委屈引發了心中的憤怒，
煩躁與絕望導致心中出現憂鬱。

到底，是從哪裡開始出錯的呢？
為了尋找原因，我們開始回顧過去。
但大部分的人總是忽略自己的錯誤，
總是有著從他人錯誤上尋找原因的習慣。
也就是把所有問題都推給他人。
那時候如果他小心一點對待我的話……
那時候如果他沒做出那件事的話……
如果那時候，他沒叫我去那裡的話……

若把問題推到他人身上，短時間內會想著「這不是我的錯」，心裡的負擔也會有所減少。

但，這只是瞬間的快感而已。

因為，憤怒與憂鬱必定重返。

久而久之，某個瞬間，有時候我們會看到鏡中的自己。

那時候才會恍然大悟，並且承認：

所有事情，因我而起。

過去的選擇、決定、習慣、毛病，

都創造了今天的我；

並且接受一直都以這樣的方式活到現在、導致自己變成今天的樣子。

沒錯，所有事情都是我的錯，

並沒有人控制我，這都是起於我的意志啊！

就算很傷自尊，就算感到難過，

但清楚承認的話，那時候起心中的混亂便會一點一點地消失。這一瞬間就是賦予我們能直視問題所在、在目前狀況下做到最好，充滿力量的瞬間。

就算把錯怪到他人身上，會有什麼不一樣嗎？

我們應該要依照自己的意志、依照我心所指活下去啊！

能讓你重新再起的第一步，

就是今天！

既然都坐下了，
那就休息一下再上路吧！

每當梅雨季來臨，總會發生許多車禍。

雖然車禍發生原因百百種，但最大的原因就是速度。因局部大雨發生，導致道路變滑、煞車距離也較平常長；因此，必須較平常減速百分之二十～三十。若在下雨的時候用平常的車速前進，這跟用珍貴生命換死亡沒什麼兩樣。

人生當中，速度的調節也相當重要。

若不好的事情連續發生，
這就是上天要你停下來看看的信號。
一旦不好的事情找上門，不好的想法、行動與思考便會瞬間被壞運氣佔領；這時候無論做什麼都會感到煩躁、失去意志。越是這時候，越得停下來。
若不停下、認為總有一天一定會成功並一直前進，那麼整件事情反而會越來越不順利。

這時候我們必須退一步，好好地收拾自己的心情。有時候，我們也必須學習如何讓時間自然而然地流逝。不要著急、不要焦躁，就這樣讓時間流逝而去。

惠敏僧人不就說過這樣的話嗎？

「只有停下，才能看見，看見我的想法、我的傷痕。
我的關係和我周邊的人事物，只有在我停下，才會映入我眼簾。」

既然已經努力前進這麼久了，希望你能停靠在休息站，吃一碗湯飯、吃一包烤馬鈴薯、喝杯咖啡，休息一下吧！就算你停下休息，也不會有人說什麼。說不定你在這裡退一步看事情，反而能更輕易地找到解開原本纏繞不清死結的方法。即使你提高人生的速度，也只是讓自己更快到達死亡的門檻罷了！慢慢走，你一定能看到、遇到平常沒發現的珍貴事物。你一定能發現可眼觀人生四方的視角。

既然坐下了，那就趁現在休息一下再上路吧！

那時候的那個孩子
現在去哪了呢？

一名心理學者曾做了一個關於積極想法的實驗。

他讓一個孩子獨自待在一個小房間裡，

並在房間中央堆起了用馬糞製成的肥料。

到底，這個小孩會有什麼反應呢？

這個小孩在前幾分鐘只摀著自己的鼻子，

並且一直看著那一坨肥料。

看著看著，突然開始挖起那坨肥料了。

實驗結束後，父母看到滿身馬糞肥料的孩子嚇了一大跳。

「為什麼要摸那個髒東西？」

但這個孩子卻用閃亮的眼神這樣說：

「馬糞裡好像會有小馬，所以我才摸的。」

關於積極想法一事，透過這個孩子的行為，心理學者會導出何種結論我們無法得知，但在這個實驗當中，我們必須注意的是「單純」。

若今天是你進到那個房間裡，你會怎麼樣呢？
其實，光想都讓人覺得可怕。我們一定會搗著鼻子，並且跳腳不安吧；可能不到一分鐘便會敲門求救。

當房門被打開後，一定會對相關人士這樣說：

「怎麼會有這種實驗？！你們是想殺人嗎？」

這世界上真的會有大人說「馬糞裡可能會有小馬，所以我才挖了那坨馬糞肥料」嗎？我想，應該不會有吧！大人學到的知識比小孩多、比小孩還要聰明，應該不會做出小孩做的行為吧？但，這應該是因為大人心中的單純消失了，不是嗎？

下面是某個小學生所寫的詩，他的想法真的很可愛：

雨下得這麼多，
雪下得這麼多，
江流得這麼多，
但大海依然不會滿出來，
應該是因為魚兒們都把水喝掉了。

大人的腦海裡想的只有「計算」：

這樣應該沒有吃虧吧？

我能度過損益點嗎？

公寓坪數、汽車排氣量……

大人們是不是只追求著數字呢？

我們內心裡的「單純小孩」應該還活著吧？

我願意如此相信。

我們內心裡原本天真浪漫的孩子應該還是一樣的吧？

如果那個孩子不認得現在的我，怎麼辦？

小心翼翼地向那個孩子伸出我們的手吧！

你的存在

數千年前，沒有你；
數百年前，也沒有你；
數十年前，沒有你；
一個月前，也還沒有你。
沒有你的時候，一點都感覺不到不方便；
沒有你的時候，一點都感覺不到痛楚。

但現在沒有不行、有就想一起行動的你，
卻成了如此重要的人。
互相了解的過程中，
讓我的心疼痛不已，
你，就是這樣的存在。

下雨了

一整天，都是雨。

一整天，都是你。

你，在哪呢？

哪有這樣的？
又不是我先叫你來的，
你為什麼要莫名地跑來讓我心動不已，
把我的人生搞的亂七八糟，又像陣雨一樣，
不說一聲就走了。

沒關係、沒關係，不斷向我的心勸說著，
已經忘了、已經忘了，雖然我一直不斷洗腦自己，
但人的心哪會因為這樣就被說服呢？

為什麼愛情總是短暫，但思念卻如此長久？
為什麼幸福總是短暫，但痛苦卻如此長久？
為什麼笑容總是短暫，但眼淚卻如此長久？

如果那是我們人生的宿命，
我會誠心認可並接受它。
但只要不要叫我過著沒有他的生活，
沒有他，就沒有我。

為了找他，今天我也出門了。

我猜想他是否會躲在巷弄裡的電線桿後，所以我翻遍了社區巷弄裡的所有電線桿。

我猜想他是否依然站在那家百貨公司鐘塔下，所以我在深夜裡瘋狂地狂奔，但看到的只有不停打瞌睡的時鐘。

某天，我爬著梯子，走進雲裡。
眼前什麼都看不到，因此我揮舞了自己的雙手。
雖然藍天將道路讓給白雲，但我怎麼找就是找不到、看不到他。

不知道他是否會把身子隱藏在鴿子翅膀下，所以我試著和公園裡的鴿子對話，但我依然沒找到他的行蹤。

雨，毫無慈悲地下了下來。

如果天氣還糟成這樣，這讓我如何是好？一點關於他的消息都沒有⋯⋯

就算是問候，也讓我有辦法轉達給他，

不能告訴我他在何處嗎？

你，在哪呢？

沒有你，就沒有我。

炎夏之夜

味道類似香草的一抹清風，
飄進我心。
甜甜的……涼涼的……
終於屬於我的夏天、屬於我的人生……

當我這樣想的時候，風卻停了。
飄過的風一點都不能體會我的心……

我的身體、我的心都好委屈，
就在翻來覆去的時間裡結束的炎夏之夜。

P.S. 以後，這個夏天應該也會成為回憶之一吧？

還要更心痛、還要更痛苦

我沖了三杯咖啡，這幾乎等於我一天內就喝了一年的咖啡量。但咖啡卻像麻醉藥一樣，讓我變得思緒不清，甚至睡意來襲。這是個正式的場合，為了趕走睡意，我盡力地搖著我的腦袋。我的胃開始感到不舒服，就連一杯咖啡都無法好好地享受，我這身體真沒用。喝著三杯咖啡，突然讓我想到法國畫家保羅・塞尚。

世人流傳保羅・塞尚患有嚴重的憂鬱症，常會將自己的作品撕得亂七八糟。我，能這樣對待自己的文字嗎？我能感受到身處地獄的迫切感嗎？或是說，我能承受那樣的壓迫感嗎？讀著我自己的作品校稿版，我試著自問：

──「我是否寫得太安逸了呢？」

我的胃得再痛一點，
我的文字得再痛一點。

看來，我還有很長的路要走。

怎麼辦？

連夜晚也睡著的晚上，孤零零的
一個人，淒涼、孤獨、無聊這種
情緒……
就算我一直叫它們走開，但這些
情緒總是一直滲入我心。不管我
怎麼推，這些情緒就像是用尖尖的針戳著我的淚袋，跟啄
木鳥啄著樹木一樣，叩叩叩。好不容易才忍住，不讓這些
情緒爆發。我還是好好地忍住了。

很快的，明月也開始歪斜許多。
當我想著「今天也好不容易就這樣撐過了」的時候，
害怕的情緒卻突然出現。

啊！明天，
如果明天或晚上還是一樣的心情，怎麼辦？

最後，月亮也隱身於黑暗當中。

櫻花的結局

應該約莫是這時候，
數百隻、數千隻白蝴蝶坐在樹上，
當浮雲帶來的風拂過樹幹，
幾隻被嚇到的白蝴蝶便飛舞在空中，隨後便掉落至地上。
看著飄零在地上的白花瓣們，妳突然這樣說：

「這樣會受傷的，所以慢慢地掉下來吧！」

那句話，聽起來多麼惹人憐愛啊！

如果妳沒說出那句話，
我不會每年都來賞櫻，
在一個沒有妳的地方回憶著妳；
每當飄搖在空中的櫻花瓣落下，
我回想著妳的聲音。

「這樣會受傷的，所以慢慢地掉下來吧！」

我也不自覺地握起雙手，
開始將這些飄零下來的花瓣、將妳的心收起來。
不讓妳感到痛楚，不讓妳受傷，輕輕地讓妳落下。
看著堆滿在手中的白蝴蝶們，
我走了一步、又一步……
希望在這一步的盡頭能看見妳。
我，現在正一步一步地走著。

我，在這裡，
妳，現在在那裡嗎？
那裡，也有我嗎？

163

飾品

在你心臟的旁邊，
如果你不允許的話，

那麼在你淚珠上，
若你還是拒絕的話，

那麼就在你的腳跟也好，
我也想掛在上面。

我的整個人生，
我的整顆心，
像是不存在般的存在，
好想掛在你身上。

光想也會讓人感到雀躍——初戀

為什麼跳這麼快呢？

只要一看到她，我的心就像是剛跑完一百公尺比賽的田徑選手一樣，心臟快要跳出來。

曾有人這樣説：

當愛情找上門，整個世界都會變成靜止畫面，眼中只看得到那個人的面貌；整個世界都會變得寧靜，耳中只聽得到那個人的聲音；整個世界都會停擺，腦中只想得起來那個人的臉。

現在，就是這樣。

我只看得到她、只聽得到她、只想得到她。

十七歲，我的愛情終於要來了嗎？

毫無疑慮，這百分之百就是愛情。我好像陷入愛情了，但愛情卻總是不與喜悦同行，總是帶著惋惜在身邊。

為什麼兩個人的心不相通呢？

昨天好不容易，真的好不容易提起勇氣站在她面前。熬夜練習要對她說的話：「我喜歡妳」，但這句話最後還是說不出口，舌頭不斷把那句話推出來，但奇怪的是，嘴唇卻打不開。結果，那句「我喜歡妳」便只徘徊在嘴裡，接著又被吞回肚子裡了。

「妳要不要吃口香糖？這口香糖香味不錯。」
「謝謝。」

隔天，我再次站在她面前。
果然，我還是什麼話都說不出口；依然只是給了她一條口香糖。嗯……隔一天，再隔一天也是，我依然無法說出想說的話，依然只給了她一條口香糖。口香糖贈與式就這樣持續了三個月左右，我想要停下來，但卻無法；因為她並沒有拒絕我的口香糖。

我當時認為我已經充分地利用口香糖傳達我的心，但突然從某個時間點開始，她再也沒出現在我面前了。

是因為我給她太多壓力嗎？是因為我沒說什麼話、只給她口香糖，所以讓她產生奇怪的想法嗎？
我，一直都看不到她。

某天，我發現她家門前停了一台搬家用貨車；原來她要搬家了，怎麼會這樣呢？我還沒跟她説「我喜歡妳」這句話，這段愛情就要這樣結束了嗎？

行李看似都已經搬到車上了，很快地，她搭上了那台車。如果她就這樣走了，我們就得永遠説再見了⋯⋯我的嘴緊張到發乾，我的心臟不斷地咚咚咚震動。我沒有站到車前攔車的勇氣，也沒有大聲説出我喜歡她的勇氣⋯⋯我真是一個活該找不到女朋友的傻瓜。車子就這樣頭也不回地離開，而我此時才趕快跑上前追。雖然我不斷揮手、不斷呼喊，但她並未停下來。當我懷著空虛的心停下的那一瞬間，車子後車廂上某個東西掉了下來。

一個小小的盒子。

打開盒子一看，都是她用口香糖包裝紙折成的數百隻紙鶴。她在折這些紙鶴時，是想著我一邊折的嗎？

我連一句「喜歡她」的話都說不出口，也聽不到她說「我喜歡你」這句話的那個青澀時節。雖然非常可惜又惋惜，但現在想想，這也許是個好結果。

因為我能夠將這美麗回憶永遠珍藏在我的心中……

我一直相當感激，我一直相當思念。

過了數十年以後的現在，她會用什麼面貌在哪裡過著什麼樣的生活呢？我很好奇，也很懷念。對每個人而言，初戀是種回憶，同時也是個傷疤。就連讓韓國上上下下陷入初戀症候群的電影《建築學概論》當中的初戀，也以美麗和傷痕之姿永留觀眾心中。

個性害羞、對愛情依然一知半解的單純少年勝民是建築系學生，他對來聽「建築學概論」課程的音樂系學生瑞英一見鐘情；這時候愛情便開始萌芽。但音樂系學生瑞英為什麼會來聽與自己主修完全無關的建築學概論呢？打聽之後才發現，原來瑞英正暗戀著社團裡的建築系前輩在旭。在旭住在江南，擁有帥氣的外貌；但勝民住在江北，是個窮小子，事前根本不敢把瑞英放在心裡。

但勝民獲得一個能與瑞英變熟悉的契機——也就是一起完成建築學概論的功課。在這個過程中，勝民的心越來越靠近瑞英，雖然他很想停止這份心，但卻停不下來。

某一天，勝民親眼目睹了一個讓他受傷極重的場面——他看到喝醉的瑞英被在旭攪扶著回到家中，只有他們兩人……勝民因此感到瑞英給的莫大背叛感，開始躲避瑞英，漸漸地兩人也漸行漸遠。

十五年過後，兩人再次相遇；兩人更在濟州島上瑞英蓋的房子確定了兩人的心意，他們發現一件事實：對方都是自己的初戀……

初戀的生命力真長，
無論我們怎麼擦去，總是擦不掉它的痕跡。
「第一次」好像也是。

第一次相遇的學校、第一次拿到的薪水、第一次雀躍的心、第一次做的夢、第一次認識的朋友、第一個工作、第一次流淚、第一次離別、第一次獲得的成果……

第一次有時候會讓人感到新鮮，但有時候也讓人感到衝擊。所以它才會被刻印在記憶倉庫深處，久久無法抹滅。當然，初戀也是如此；在我們活著的時候，雖然我們會遇到各種事情、遇見各式各樣的人，但關於初戀的記憶是不會輕易消失的。

我想，應該是因為我們懷念當時如此單純的心吧！

今天，要不要到初戀的記憶裡，
來趟初戀記憶之旅呢？

讓我們回到過去，看看十七歲或二十歲的年輕版自己吧！

啊！是不是光想也讓人感到雀躍呢？

處暑

睡覺時最冷了，
思考著要不要關窗，
但還是決定開著睡覺。

說不定今晚，
他就會來了？

說不定，
在我睡著的時候，
他也可能已經來過又走了。

課題

人類的課題，
生存的課題，
寫書的課題，
情緒的課題。

小時候，
如果不寫功課就去學校，頂多被罵；
但現在已經長大成人，又沒辦法這樣，
也沒有這個膽量。

事情不順利，
我的雙眼也閉不上。

什麼時候我才能大喊「課題結束」呢？
什麼時候我才能獲得「做得不錯！」的印章呢？

我呢？
我的人生呢？

愛情、夢想、人，
為什麼總是攻擊我的人生呢？
我到底要搖擺不定到何時？我得走到何時？
能夠抓住我的是什麼呢？
能讓我活下去的是什麼呢？

第 4 章

抓住搖擺不定的東西

二十三歲，
具有深度的求婚

歌手李尚恩在自己的歌《總有一天》唱出這樣的歌詞：

年輕時不知道年輕，愛人時看不到愛情。
但現在回頭一看，我們依然年輕，也愛著對方啊！

這真是一節令人感嘆連連的好聽歌詞啊！這應該是已經站
在人生盡頭的人才能領悟出來的故事吧！再仔細一看，我
們總是將「若我當時就知道現在才領悟到的事情……」這
一句話掛在嘴邊。
當時為什麼無法領悟到呢？我年輕的事、我愛的事、我很
幸福的事，都得在送走它們後、或是失去後才感到可惜、
甚至是遲來的後悔。

但若我在年輕時知道自己年輕，若我在愛人時看到愛情，
會有什麼變得不一樣嗎？不後悔和後悔之間，又有什麼會
變得不同嗎？反正這都是人生啊……

現在我所關心的是一名青春女子的深度。

當我得知她寫下這段歌詞時，她才只有二十歲初；在那個年紀下寫出這樣的歌詞，我除了感嘆還是感嘆，另一方面也為她太早看清世界而感到惋惜。

當時二十三歲的李尚恩，現在在哪裡做什麼？過著什麼樣的生活？著實讓人感到非常好奇。

雖然不知道大概會是何時，
但總有一天，我想量量看她的深度。

Good Bye，日光燈

幾天前視線便開始變得模糊。

是因為我視力又變差了嗎？還是因為我的筆電螢幕出現問題？當我抬頭往天花板上看時，我才發現是日光燈的問題，日光燈兩頭都被燒黑了，這就像被「時間」這一拳給揍黑一樣。仔細一想，站在時間面前，所有人都是束手無策的。無論是多麼強壯的大樹、多麼兇猛的野獸、多麼堅固的大樓、多麼固執的人，最後都會崩潰倒塌。就算是再怎麼經打，就算是精神多麼強大，都沒有用。歲月所使出的上鉤拳是沒有人、沒有事情能夠戰勝的，我們只會成為弱勢的存在。

然而，必須更換下來的日光燈又是多麼空虛的呢？但即便如此，它還是度過了燦爛的時期，想必空虛的心情應該會減少一點吧！日光燈們為了照亮黑暗，真的燃燒了自己、照亮了別人。

仔細一看，我看到了憔悴的自己。

啊！我曾經燦爛過嗎？
我曾經燦爛地盛開過嗎？

無論我再怎麼想，都找不到解答；這時候真的覺得自己很
沒用。但另一方面，我也覺得「好險」。人家都說「早開
的花早凋謝」，就連花蕊都還沒綻放的我的人生，對它而
言，這有多充滿著希望啊！

我能開花結果嗎？我能照射出燦爛光芒嗎？當我越想下
去，實際上我的頭就會越來越痛、越來越害怕；但即便如
此、即便如此、即便如此⋯⋯還沒來臨的燦爛瞬間。當我
期待著那瞬間即將到來，我的嘴角便揚起了微笑。

我得換日光燈了，
現在是送走它、讓它退役的時候了，
現在是迎接我人生光芒的時候了。

把想法之碗變大

所有人都覺得自己並不介入他人，

總是對著他人的錯誤偏見感到不適。

那麼，治療方法到底為何呢？

就是讓所有人放下針對他人的偏見、反省自己的偏見。

——約翰・洛克

有一個奶奶每天都騎著摩托車跨越國境，

她的摩托車後面綁著一個袋子，

而海關人員總是用懷疑的眼神看著這個袋子。

「奶奶，我要搜查一下這個袋子。」

袋子裡並沒有什麼特別的東西。

「只是沙子而已嘛～趕快走吧！」

隔天，這個奶奶依然騎著摩托車跨越國境；在那之後的一個月多，奶奶每天都騎著摩托車跨越國境。

海關則歪著腦袋、嘴上唸著什麼：

「一定有什麼，奶奶很明顯地在偷渡什麼東西，但我總是找不到啊。」

某天，海關擋住騎著摩托車的奶奶。

「奶奶，請您老實告訴我。就算您真的在偷渡某些東西，我還是會原諒您，就請您告訴我您偷渡了什麼吧！我真的很好奇。」

這時候，奶奶便噗哧地笑了一下，並且這麼說：

「您真的不知道嗎？就是這個啊！摩托車。」

這是我在某本書裡讀到的故事，但我在稍微修飾了之後才引用上來。

海關只懷疑摩托車後方的袋子裡的物品，但從未想過摩托車才是偷渡品；我們的想法也是，出乎意料之外地被監禁在想法的框框裡。

無論是哪個物體，它都不只是個平面的東西，而是由立體方式呈現，但我們的視角卻只被固定在平面層次上。所以我們偶爾會因為只看到事情的某一面、依照被限制住的視角的「碗」判斷，導致我們因此而做出錯誤的選擇。也正因如此，確信只有自己的想法和判斷是正確的時候，這其實相當危險——我們必須常持有「我的想法可能有錯、看的層面不夠廣」這一態度，虛心接受他人建議與指責。

這個世界上，有很多非常長的物體和非常沈重的物體；這些非常長的物體無法用三十公分的尺去測量，而非常沈重的物體也無法用一百公斤的磅秤去量測。

同理，這個世界相當多采多姿，但我們是否都有個錯覺：我們可以用三十公分的尺和一百公斤的磅秤去測量、容納整個世界。

若你想要擁抱這個世界，你需要各種長度、各種重量的尺與磅秤；而若你想要瞭解世上的人，則需要更寬廣的標準與更深度的理解。

你，過得好嗎？

我不斷追在她後面，
我差點就不能抓住那個瘋女人的手腕了。
大口喘著氣的我，這樣對那個瘋女人說：

「現在起趕快打起精神吧！拜託……」

這個瘋女人抿著嘴笑著，用唐突的眼神對我說：

「如果不瘋的話，有辦法活下去嗎？你呢？」

聽到這句話，我除了眼睛一眨一眨地看著她，什麼話都說不出來。
想想，這世界也是、這思念也是……

我好害怕從夢裡醒來……

什麼才是中樂透的方法呢？

有一個東西叫做「引水」。

雖然現在家家戶戶都設有自來水水管，因此只要打開水龍頭，水就會自動流出；但以前的人們必須利用手動幫浦將地下水提撈上來才有水能使用。打幫浦就是透過抓住幫浦手把後並上下移動幫浦。但並不是輕鬆地移動幫浦，水就會自動噴湧而出；此時，所需要的便是「引水」。必須倒下約半瓢的水，這時候再打幫浦，如此一來幫浦才會發出咯咯聲響，井水才會噴湧出來。

為了能提撈到大量的水，至少需要某種程度的引水；當我們想要某件東西時，也至少需要最少程度的投資。舉個例子，我們不可能躺在柿子樹下面就能吃到柿子，我們必須爬上柿子樹摘取或是用長竿揮打，才有辦法吃到什麼。若連這都不想做的話，至少要拜託人幫忙摘柿子；當然，我們必須支付代價才能獲得柿子。

這世上沒有白吃的午餐。

如果你想要一個昂貴的手提包，你只能拚死拚活地工作或是一整個月吃泡麵。

如果你想要一個健康的身體，你只能減少抽菸、喝酒或是用跑步鍛鍊你的心臟。

如果你希望自己的英文會話能力變好，你只能常去梨泰院或凌晨早起去補習班。

也就是說，至少需要某種程度的努力或是高於最低程度的過人努力。

你想要中樂透嗎？方法很簡單。

不要只在心中念著「我會中！我會中！」的咒語，

也不要只想著吸引宇宙力量，

馬上起身去樂透彩券店，

只有將樂透握在手中，你才會有中樂透的機會。

無論是時間還是真誠，只有真正投資的人才擁有渴望奇蹟的資格。如果你真的幸運中樂透的話，不要逃避，並且跟我聯絡吧！我不要求什麼太貴重的東西，只需要買一杯馬格利酒給我就可以了！

為什麼離我最近的人
總是傷我最深呢？

不管是我自己辭職不幹還是我把那個人送出這裡，我都很想跟他絕一死戰，但我想，我自己辭職不幹可能最快。今天又跟那個人對到眼了。雖然我的口中回答「好的，是」，但這卻不是打從心底接受的回答；我想，這應該是就算只有一點點、但也想趕快逃避的心情吧？

拿著別人的錢是我們付出勞力工作的代價，但我為何現在才發現拿著別人的錢工作還得付出跟可恨又可惡的人在同一個空間裡、忍受那痛苦的代價呢？一開始討厭那個人是有原因的，但現在沒有原因，就是討厭他。為什麼這個人從一到十、從上到下，都讓人這麼討厭呢？

壓力指數直線上升。

我沒辦法改變什麼，但我只希望不管是誰，只要有人去懲罰那個人的話就好了。

我到家了，因為花不會說話，所以我很喜歡。
再加上假花還不用花心思照顧，所以我更喜歡。
因為這些假花總是對我微笑、歡迎我、相信我、看著我。
當我討厭人群的那天，我更喜歡這些假花。

因為假花很安靜，也不會增加我其他負擔，
所以我很喜歡。

我在社群軟體上留下上面這句話，但有網友這樣回覆我：
「如果喜歡假花的話，這對情緒不好。」
「假花就是死掉的花，真是個憂鬱的人生啊。」

喜歡假花會對情緒不好嗎？當然，有生命的真花當然比假
花好；但真花總是需要花費時間照顧的啊，每天都要換
水、都要照顧，花開始凋謝時我的心又會覺得難過。
喜歡假花就是個憂鬱的人生嗎？雖然我可以認同一點點，
但這並不是全部啊！到底把我看成什麼樣的人了啊！

當我心情好的時候，我會認為這種網友的回覆是關心我的
表達方式；但像今天這樣的日子，我真的好討厭這種回
覆。為何大家反應如此激烈？我說我喜歡假花，但為什麼

大家要反對呢？總而言之，今天我什麼都不喜歡，最好不要有人來惹我喔！

都是因為那個人害的！因為他人感到幸福總是稍縱即逝，但因為他人感到痛苦為何總是如此漫長？為什麼跟我最親近的人，總是傷我最深的人？為什麼跟我最親近的人，總是最不了解我的心呢？不知道我是不是也讓某個人感到痛苦呢？

這是突然浮現在我腦中的想法。

到底是什麼東西

如果有人説「不能愛」的話，

那麼，只愛著可以愛的東西活下去是對的嗎？
還是可以看到終點、
但依然跟隨自己的心去行動才是對的呢？

到底哪種才是對的呢？

擁有正確解答的人，
請跟我聯絡。

蚱蜢

太陽公公都還沒下班，
但從傍晚開始，
你怎麼可以叫成這樣呢？

這漫長無比的夜晚，
到底要我如何是好？

能做到的事情，只要去完成即可。
被禁止的事情或不可能的事情，
永遠都是問題。
首先，先嘗試做一次；結果，還是取決於你的心。
只要在你心所指的地方，有她站在那裡就好。

第 5 章

渴望，被禁止的東西……
愛著，所有不可能的東西

只是說說而已

人們總是會用「不是的話就算了」這種口頭禪。

在這些口頭禪裡最常見的就是「只是說說而已」。

當一個人突然說了某句話,

但對方的反應卻是不知道該如何反應或反應過於激烈時,

這個人便會用純真的表情這樣說:

「我只是說說而已,幹嘛這麼認真?」

這真的只是「說說」的話嗎?明明就不是這樣的意思。

這句話明顯地是一句看出讓對方感到窘迫或為了讓對方陷入困境的話。

在「只是~」這一句話裡,雖然藏有情感及思念,但上面說的狀況卻並非如此。

「只是~」真是一句具策略性及計算性的話;

雖然看起來不是故意的,但整句話裡都能感受到說話者的意圖。

「你為什麼打人？」
「沒為什麼。」

你認為這句回覆是合理的嗎？
不，因為不可能只是「沒為什麼」。
這個動作起於心裡，因為有這樣的心，才會導致打人這個
動作的出現。
「沒為什麼，只是做做看而已。」
這句話裡藏有「打人」的意圖，
所以這句話比實際打人更壞。

乾脆老實大方說出來！
不要巧妙地讓對方陷入困境，
也不要用「只是～沒為什麼」這句話來規避該負的責任，
也不要假裝自己是個傻瓜。

各位，知道了嗎？
不知道的話就直說，
只是說說而已啊！

Good Night，我的人生啊

醫院，是人們說活著時最好不要去的地方，但我們的人生怎麼會總是如我們的意呢？我，躺在可以遠眺漢江的醫院十二樓病床上，如果把這裡比喻成五星級飯店，如果這裡是能夠小酌美味紅酒的Sky Lounge的話，那條寬廣的漢江一定是美麗又耀眼的；然而，對現在的我而言，那條漢江就單純只是個風景而已。此外，我還跟同病房裡的五位病人「前輩」一起看著窗外。他們看到的只有漢江，當他們身處這小小病房時，一定相當想念病房外的生活吧！

在這個空間裡人人平等：穿著一樣的病患服、吃著一樣餐盤裡的食物、一樣都躺著、一樣都得打針、一樣都得向醫生低頭。

在病房外，一個病患有多厲害、有多聰明、有多帥氣，在病房裡都已經不重要了；病房裡的人都是脆弱的存在、都是感到痛苦與不適的病患罷了。當然，社會地位高的人或有錢人可能會住在單人病房，但這並不意味著他們的疼痛就此消失，他們還是跟一般病患一樣會痛。

在這樣的空間裡，人們會變得虔誠，因為病房是人們與死

亡最接近的地方；這裡也會讓人們領悟到自己是個多麼脆弱的存在，也會讓人們醒悟，瞭解到人生中還有比金錢與成功更為重要的東西。在這裡，人們會變成哲學家、修行者和守法專家；當然，一但能夠離開病房，他們又會變回兇猛的猛獸。

檢查結果出爐。
好險，雖然疼痛症狀持續不斷，但結果至少讓人滿意。

再次抬頭看看窗外的漢江，現在的漢江相當美麗又耀眼；漢江的夜晚面貌好像還不錯。看著遠處的漢江，我心中再次想著好幾個故事，也預測了未來將會出現的故事。

轉眼間，往返漢江大橋的車輛變少，也不再充斥著車燈的耀眼光芒。
我在人們說一生中不要來的地方迎接深夜。
先來的五名「前輩」也都打著呼，聲音一致又響亮。
現在，我也要努力了，努力入睡……

晚安，我的人生。

我的心啊，走進來吧！

雖然喝了酒，但也有無法説出來的話；
雖然臉上擺出微笑，但在背後也有無法言喻的痛苦；
雖然思念，但轉身一看，也有更加思念的人。

「心」這一個東西，
雖然又寬、又高、又深又燦爛，
但追根究柢，它還是最單純的。

喝酒的原因、
痛苦的原因、
思念的原因，

追根究柢，只有一個。

但因為無法找到那一個原因，
才會成為這樣的文字。

啊，我的心啊！走進來吧！
啊，希望你能讀到我的文字！

有一個媽媽帶著年幼的女兒來到超市。

媽媽將女兒放進推車，為了購買所需用品，不斷穿梭在超市各處。但不知道她的年幼女兒哪裡不滿意，突然開始大哭、不耐煩；甚至將推車裡的物品往外丟。這個小女孩不但沒有停止自己的行為，反而不斷耍著脾氣。

媽媽嘆了一口很長的氣，十秒後，用冷靜的語氣如此對女兒說：

「貞熙啊，妳要忍耐喔！就算生氣也要忍耐。很快就會結束的……現在可以了，沒錯，妳做得很好。」

女兒原本吵鬧的情緒開始被撫平，這位媽媽再推著推車走向收銀台。

收銀台櫃員小姐和這位媽媽說：

「這位媽媽，您真的好厲害，您親切又和氣地開導小孩，真的是讓人感動呢！」

這位媽媽聽到後這麼回答：

「其實，貞熙不是我女兒的名字，而是我的名字。」

這個故事是我在某本書裡看到的，是一個關於如何平息憤怒的故事，但我用自己的方式些微修飾後表達。

如果世界上所有事情都能依照自己的想法進行，那麼我們也沒有表達憤怒情緒的機會；但實際上，這世上的事情並不會總是如自己所願地發展。活著，總會有事情出差錯的時候。家人之間也可能會出現矛盾，人生中也總會出現莫名其妙挑撥是非的人。當我們遇到這樣的狀況時，我們心中的天秤便會失去平衡，並出現讓我們心浮氣躁、甚至是極端的情緒。

雖然我們總認為表達出自己的憤怒就能解決問題，但實際上這只會成為更嚴重爭吵的導火線；一但情況衍伸到這裡，受最多影響與傷害的就是我自己。

根據研究大腦的專家們所述，憤怒對大腦會產生負面影響。而且我們也能透過許多親身體驗，也知道憤怒的結局大多只有後悔。

那麼，我們該如何處置突然湧上的情緒呢？常見的方法是慢慢地從一數到十，並且在這過程中不斷深呼吸；但我還有一個更推薦的方法。

先離開那個是非之地。

有人說過「只要眼裡看不見，心也會逐漸走遠。」當眼中看不到想發脾氣的對象，我們心中的憤怒也會慢慢地被緩和下來，對吧？

其實，要收拾自己的情緒並非一件易事。
但，我們還是必須去做。為什麼呢？
因為我們的人生如此短暫啊！

人生短暫，就連去愛人、去生活的時間都不夠了，
為什麼要把時間浪費在憤怒上呢？

就讓我們對憤怒唱首搖籃曲吧！
我們必須避免讓自己因為忍不了十秒而做出讓自己一生都感到後悔的事啊！

那首歌，
又是那首歌

在地鐵上，一整天都在聽的那首歌；

等待朋友過程中，都在聽的那首歌；

為了撫慰離別的傷口，一直都在聽的那首歌；

當我感到孤獨時，我把它當作朋友，都在聽的那首歌；

坐在長凳上曬著太陽時，我都在聽的那首歌；

奔向凌晨的束草大海路上，我一直在聽的那首歌；

一人用一邊耳機，與她一起聽的那首歌；

度過瘋狂之夜、隨興搖擺身體時，

在夜店裡聽到的那首歌；

屬於人生的一部分、支撐我度過每一天，

甚至照亮我未來的那首歌。

某一天，那首偉大至極的歌以令人感到荒唐的面貌再次出
現在我的眼前。

一名作曲家出演某個電視節目，他在節目上分享了那首歌
得以誕生的背後故事，他說，「嗯……這首歌是我當時喝
酒時突然出現在腦海中的靈感，當時我用五分鐘就完成這
首歌了。」當我聽到這句話的瞬間，我不知不覺地說出
「什麼？居然還有這種跟辣炒碼麵一樣混亂的情況啊？」
這句話。我和那首歌一起度過的時間、我對那首歌付出的
心多到無法想像，但作曲家卻說他只用了五分鐘就完成這
首歌，而且還是在他喝酒時完成的……當下我認為自己被

205

這名作曲家的即興情緒所擺佈，也覺得自己的青春就這樣被迫跟作曲家的五分鐘交換，一想到這，我就覺得無語、生氣又空虛。所以我決定不再聽那首歌了。

然而，某一天，我必須下一個非常重大的決定。
在做出這個重大決定之前，我已經熬了無數個夜晚；最後，終於決定了方向。原本圍繞我許久的苦惱、擔憂與煩悶在一瞬間就畫上了句號。啊，原來所有事情的決定都是瞬間發生的啊！當我腦中浮現這樣的想法時，我突然想到那首歌，還有那位作曲家的五分鐘。

那天晚上，我向那位作曲家乞求原諒。
我的想法真是不成熟啊！對那位作曲家而言，做出那首歌的五分鐘其實是一段我無法測量的情緒深度；那五分鐘其實是從他累積了無數淚水與痛苦的內心深處挖上來的靈魂沉澱與極端力量……我，之前都不知道……我只用數字「五」來評價這位作曲家，還認為自己被他騙了。

那一晚，我又放了那首歌。

彌補那段都沒聽這首歌的時間，
持續很久、很久……

有時間的時候一起吃頓飯吧！

那麼對方總是跟説好似的，總會這樣回答：

「嗯，好啊！有時間的時候一起吃頓飯吧！」

這樣結束對話、各自離去的兩人，最後真的會討論下次一起吃飯的時間嗎？我們不是當事人，雖然無法正確得知，但如果要我預測，我想這兩人再次見面吃飯的機率相當低。不知道從何時開始，「一起吃頓飯吧！」已經變成一句形式上的問候語。

「有時間的時候一起吃頓飯吧！」

聽到這句形式上的問候語時，回問「什麼時候呢？要不要現在就訂下日期呢？你想吃哪種料理？」的時候，反而會讓對方感到不舒服，甚至是措手不及。

仔細回想，我也常在與有人見面時跟對方說過「有時間的時候一起吃頓飯吧！」這句問候語。雖然也有幾次是在不得已的情況下將原本約好的見面延到下一次，但大部分的時候，我說這句話的確只是客套一下而已。如果真的想要一起吃頓飯，當下應該就會隨便找一家鄰近的餐廳，不然就是討論出具體的日期與場所，對吧？

我想了一下，為什麼「有時間的時候一起吃頓飯吧！」這句話會變成一句問候語。

也許是因為雙方的關係並未緊密到能夠一起吃飯所致吧？若雙方是個陌生又尷尬的關係，也沒必要硬是弄出一個雙方都不舒服的狀況。所以在維持一個恰當的距離下，用一句對方不會感到不舒服的話問候對方。

但我又開始想，
雙方是不是因為沒一起吃過飯而感到陌生或尷尬，而不是因為感到陌生或尷尬而選擇不吃飯呢？

一起吃飯這件事，並不是單純將食物塞進嘴裡，而是一起在同一個空間、同一段時間裡，分享人類原始愉悅「享受美食」這個經驗；除此之外，在這個過程中還會產生最重要的「溝通」。

在美食面前，任何人都會變得幸福，心裡的那道牆也會隨之崩潰。吃飯時，自然而然地會產生對話，確認對方這一個存在，也會發現先前都未發現的對方的心與想法；想當然爾，兩人的關係就會變得更加親近——這都意味著一起用餐並不是單純產生味蕾上的感受，而是透過用餐這個場合，一起分享雀躍情緒、美感愉悅與幸福氣氛，這是另一種方式的愛，也是一個溝通的場合。

若想要維持或恢復人際關係，沒有什麼方法比一起用餐更為有效。我想這也就是為什麼人們總說「沒有和對方吃過飯，就不要說自己了解對方」這種話了。

電影《卑劣的街頭》中，扮演三流黑道組織裡的第二人角色，總是表現出憤怒情緒的演員趙寅成在電影中的某個場景裡，與自己指揮下的小嘍囉們一起吃飯，並且說了這樣的話：

「什麼是家人，就是一起吃飯的嘴巴們！」

吃飯的「食」、入口的「口」，

用趙寅成在電影中所說的，一起吃一餐飯這件事情，是具有相當重大意義的事情；一起吃飯的這一瞬間，餐桌上的大家都是一家人。

一起吃飯吧！一起面對面吃飯吧！不要猶豫，一起面對面吃飯吧！雖然喝著咖啡、分享餅乾也不錯，但還是讓我們一起分一碗軟硬恰到好處、閃著油光的飯吧！如果是不想再看到第二次、有不共戴天之仇的人，是真的沒必要一起吃飯；但如果不是的話，就找個地方一起吃飯吧！那麼大家都會因為美食而產生愉悅，也會因為更加深入了解對方而感到快樂。

我們，什麼時候一起吃頓飯呢？

你原本不是很愛笑嗎？

今天是Y君的定期檢查日。

他的肝不好，所以每六個月都必須到醫院做定期檢查。今天我起了個大早，雖然要去的醫院是社區裡的醫院，但約診人數比一般大學附設醫院還要多。早上八點開始看診，七點二十分就得開始排隊。如果早上出門準備時稍微拖拖拉拉的，那天早上可能都得用來候診。新聞說今天早晨是今年以來最冷的一天，我也真的覺得好冷。不知道是不是一整晚都吹著冷風，路上都遍布著銀杏樹樹葉；我想，這也算是我早起出門所獲得的成就吧！

Y君很幸運地掛到第一個順序。

八點，院長很準時地叫Y君到診間裡；而Y友人則是帶著不安的表情走進診間。跟之前不同，他這次更不安的原因除了肝的問題，這次還得進行甲狀腺檢查。

上個月Y君曾到其他醫院住院，當時醫護人員建議他一定要進行詳細的甲狀腺檢查，因此他決定這次複診時一併檢查甲狀腺。

Y君向醫生說明自己的身體狀況後，便到診間外等待接受甲狀腺檢查。走上2樓的階梯相當窄，而Y君便在狹窄的樓梯間抽血；更因為抽血不順利而折騰了一陣子。

由於他太常抽血，導致手上血管變得相當難找，只要一插針，手上的血管就像是說好一樣，紛紛躲了起來。

護士嘆了一口小氣。

「真的很抱歉，我換抽左手。」

在歷經三次的嘗試，終於找到了血管！

抽完血，Y君再爬上3樓進行肝臟及甲狀腺超音波檢查。驗血結果會在檢查後三天出來，而超音波結果能馬上傳送給院長，並且立即聽取院長的結果說明。

Y君再度走進診間已經超過十分鐘，但他依然還沒出來。隨著醫生與Y君的對話時間變長，我也開始變得不安。當我緊張到口乾舌燥時，Y君帶著微笑從診間走了出來。當我看到他的笑臉，我也鬆了一口氣；沒錯，檢查結果看似不錯，我也安心了。

「醫生說什麼？是不是說檢查結果沒問題？」

我以為Y君當然會回答我「沒問題」，
但他卻用非常微小的聲音告訴我：「兩個檢查結果顯示，狀態都不太好。脾臟有點浮腫、脖子周圍的兩邊甲狀腺都有發炎與浮腫的狀況。尤其是右邊甲狀腺浮腫狀況更為嚴重，詳細的部分等到三天後的驗血報告出來，屆時會再一併說明。醫生說不小心的話，可能會演變成肝硬化，甲狀腺也可能會發展成癌症。當然，醫生也叮嚀了我，如果感到疲倦時就得趕快休息，尤其是不能感到壓力……」

Y君嘆了一口很長的氣。

每當這種時候我都不知道該做些什麼，總是感到很難堪；因為對我而言，安慰某人這件事情總是一件陌生又尷尬的事。等了好久，我終於吐出這句話：

「你餓了吧？我們去吃飯吧！你剛剛為了等抽血，早上還沒吃飯呢！」

我們在醫院附近的餐廳吃了嫩豆腐鍋和炒魷魚。Y君只吃了一兩口就放下筷子了，原本他的食量就不多，但今天卻吃得更少了。實際上，遇到這種情況的話，食不下嚥也是正常的；最後是我清空了所有餐點，我也因此而胖了。

Y君一整天都悶悶不樂，而我在旁邊也不知道該怎麼辦，想要安慰他，卻說了很令人意外的話。

「所以我說嘛～幹嘛自己跑去做檢查？乾脆不知情不是更不會煩心嗎？」

我真不該說這句話，因為我讓Y君更加難過、我也讓自己陷入不知道該怎麼辦的困境。沒口才的缺點讓我在這個時候更加感到不知所措。當我說完這句話後，我跟Y君之間又流過很長一段的沉默，因為這段沉默讓人感到尷尬，所以我又說出了一句話。

「但你剛剛為什麼對我微笑呢？我是指剛剛你從診間出來的時候，為什麼笑的這麼開朗？我還以為檢查結果是好的呢……」

「我原本就喜歡笑啊！」

啊，沒錯，原本Y君就是一個常把笑容掛在臉上的人，從以前到現在都是如此。當Y君走向我時，我遠遠地就能看到他的笑容，他開朗的笑容讓人感到相當溫暖。當我看到他的笑容，也應該用自己的笑臉回應他，但我卻總是毫無表情地看著他；在那之後，Y君依然笑臉迎人。

然而，從某個瞬間開始，我開始找不到Y君的笑容；不管是以前還是現在，Y君都會面帶笑容，但我卻無法發現它。我想應該是因為人生的重量壓得我喘不過氣，導致我的心也開始關閉；我的雙眼也被蒙蔽。我漸漸地失去看見笑容、發現笑容的眼睛了……

然而，今天我的視力如同奇蹟般恢復了！我的的確確地看到走出診間的Y君臉上的笑容，他因為痛苦而陷入絕望及沮喪的瞬間，我因此而意外獲得能看見笑容的心與眼。

「原本就常笑啊！」

今天，這句話真是格外令人感激，也讓我感到相當抱歉。謝謝Y君在經歷如此眾多病魔的期間，依然不失去自己的笑容，真的很勇敢！他是一個比我還好、還要更成熟的成人。我現在開始一定要好好地看著他的笑容，看到他的笑臉，我會一起與他歡笑、向他說著慰藉的話。因為這樣才能保護他的笑容永在啊！我現在開始也要多笑！

雖然令人感到尷尬又害羞，但還是⋯⋯不，必須得這樣！因為他是一個對我而言相當珍貴的人！

嘻嘻～

弘大style或
孤獨遊戲

今天也是個有風吹拂的日子。

某位詩人曾說過，當風吹起，他就會到狎鷗亭洞；但當風吹起，我的指南針便會指向弘大。

傍晚，因為氣象預報說降雨可能性高，所以我就帶著雨傘出門；我懶得爬樓梯，所以決定搭乘公車前往目的地。

我站在公車站裡，呆呆地觀察來來去去的人們。我看到了陷入遊戲的孩子們、等待自己玩遊戲順序的孩子們、為了赴約將自己打扮得非常亮麗的女子、抽著菸並且擺出無聊態度的大學生……當我們四眼相交時，剛好雙方也瞬間逃避了對方的眼神，這時候剛好有一班公車駛進公車站。

不久後，原本站在公車站裡的人們都消失了；
只剩下我一個人。

我就這樣讓三班公車離去……因為我並不是為了赴約而出門，心想著也沒必要著急，就算去了也沒有什麼要做的事情；所以，我只是放任我的時間像麥芽糖般不斷延長。

搭上第五班前往弘大的公車，我，現在正在前往弘大。

早知道，我應該交一個我突然找去、
還能要他沖杯咖啡給我喝的咖啡師朋友。

早知道，我應該交一個住在附近、
能一起喝酒的朋友。
或者是，我應該交一個臨時可以找去、抱著她，
卻也會被她賞巴掌的愛人。

腦中不斷出現這種亂七八糟的想法，很快地，我就抵達弘
大了。我在肯德基旁的地鐵出口外走來走去，最後終於站
在一個定點。
我摸著自己的手機、左看右盼、嘆著氣，但明明我沒有什
麼需要我等待的，但我卻依然仰首盼望。人們來了又走、
走了又來；人們消失不見、又再出現。

就在這過程中，天空下起雨來。
一瞬間，人們便躲到大樓裡，只剩下撐著雨傘的我，還獨
自站在原地。

風吹了，
把我留在原位，但孤獨卻隨風而去。

適當的壓抑

一個人雖然舒適，但有時候也會羨慕他人。

每當深夜、做惡夢被嚇醒時，發現沒有人能夠拍拍自己的肩膀、安慰自己的那一瞬間……還有當我感到這個空間裡只有我自己的那一瞬間……這樣的夜晚總是令人感到更加害怕。其實我知道，沒有方法能夠避免這令人感到害怕的夜晚。我能做的只是用棉被裹住自己，盡量把自己的身體藏起來。

但，這還不是最大的問題。
因為只要撐過那一瞬間，
就很容易遺忘掉這令人害怕的感覺。

在我一個人的時候，最令我感到害怕的是過於自由。
我身邊沒有任何人對我説話、看著我或聽著我；沒有人會指責我的懶惰、也沒有人會對我碎念；沒有人會控制我的欲望、也沒有人會用責備的眼神看著我。沒有人的心中能夠放進我心中的故事，這，才是真正讓人感到害怕的。

我是這樣想的：

人類必須適當地壓抑自己的自由，這裡說的壓抑指的是不讓懶惰、欲望、孤獨萌芽的程度。

為了獲得這樣的壓抑，結論就是「不可獨自一人」。

是因為這樣嗎？

單獨的人們為了不讓自己再崩壞下去，

所以寧願放棄那人人追崇的自由，

並且不斷尋找另一半……

兩公升的眼淚

「我能夠等你等到自己理解你嗎？」

妳丟下這句話，就這樣離開了。

我能預感到結束，我早就知道了，她留下這句話的意義。人怎麼能理解其他人呢？這句話的意思就是「她絕對無法理解我」，所以要我不要繼續等下去。這跟「我們分手吧！」這句離別通知沒什麼兩樣。

在我說出目的地之前，我的眼淚就不斷流下。計程車司機卻很親切地給我哭泣、流淚的時間，我試著想止住我的眼淚，但眼淚總是不聽話地流下，所以我就跟計程車司機說

「先開吧！」說完之後我的眼淚依然如雷雨般不斷落下。我到底掉了多少眼淚呢？我的身體就像是一摸便會沙沙作響般，不斷掉下眼淚；掉到我沒力氣繼續再哭了。

我一到家，就打開了冰箱，
拿出兩公升的水一飲而下。
然後，我又熬著夜，流下兩公升的眼淚。

亂成一鍋粥

一瞬間，天色變了。雨停的週六下午，天空也變得明亮。不知道是不是幾個地方還打掃得不乾淨，天空裡還剩下長得像肥皂泡沫般的一團團雲朵；風，也不再吹拂。

週六下午這幅畫，被掛在一個四角窗框裡。
我已經連續好幾天不斷和我的痛症搏鬥。
護士說，如果真的忍不住的話，每隔十五分鐘按下無痛注射按鈕，我聽了之後點點頭表示了解。每按一次就要等待十五分鐘，但無論我按幾次，止痛藥的藥劑並不會大量增加。總而言之，我必須等待十五分鐘；當然，這十五分鐘裡，我的痛症並沒有完全消失。我真的不知道為什麼還要在把這支藥取名為「無痛」呢？痛症不但沒有慢慢減緩，我的煩躁卻慢慢累積。

我好討厭週六下午。
要是下雨的話，那該有多好？如果整個週末都一直下雨，我也不會感到這麼委屈。但外面的天氣為什麼那麼好？陽光為何如此耀眼？甚至遠處還出現了彩虹……

事情大條了！除了我以外，其他人都開開心心的……我的
火氣讓我的痛症與不適加倍。

好像總是這樣，
只有我感到辛苦，但其他人總是感到快樂；
只有我感到痛苦，但其他人總是感到和平；
只有我感到難過，但其他人總是感到幸福。

明明就不是這樣，其他人也一定會感到痛苦、疼痛、辛苦
才對啊……但我卻無法從「只有我這樣」的想法中跳脫出
來。沒錯，不要刻意讓自己從這樣的想法裡擺脫出來。雖
然人們總說「羨慕的話就輸了！」但我覺得輸這件事情也
不是壞事。羨慕就是羨慕，沒辦法。只能盡快跳脫這裡，
只能自己向自己打氣。

我決定試著忍難痛症，
今天晚餐，我決定申請吃飯，而不是吃粥了。

我們站著的那個岔路

我跟烏龜一樣，大半天都伸著脖子、敲打著鍵盤。花費近一個月的作業，終於來到完成階段；就像是把一個人的人生輪廓畫出來一樣。

溫暖陽光照射的春日，她獨自坐在公園長凳上。

在鮮豔花朵和真實人們的美麗談話中，她的孤獨顯得更加濃郁。她將一小塊麵包丟進蓮池，一瞬間，鯉魚們便簇擁而上。看著你爭我搶、激烈搶食的鯉魚們，她，卻流下了眼淚。不，在那眼淚中，出現了不知為何的微笑。似乎是最後一句文章，她用滿足的表情讀了一次又一次，一邊點著頭……

然而，那晚當我再次閱讀那篇文章時，眉間卻不禁起了三條皺紋。敘述鯉魚的部分，究竟是不是對的呢？我突然出

現了這個疑問。嘆著氣，我按著刪除鍵，刪著一個字、一個字。我刪掉了鯉魚出現的部分，而我的電腦螢幕中，鯉魚們就這樣消失了；而文章卻變得簡單、不沈重。

往返於「增加」與「刪除」之間的寫作。

仔細一想，並不是只有寫作才這樣，
我們的人生也是如此。
我們總在「增加」與「刪除」之間尋找恰當的妥協點。
「到底該站在哪邊？到底該做著什麼樣的夢想？到底該凸顯出哪一點？到底該撫平哪道傷痕？到底該擺脫哪種痛苦？退出、丈量、前進、衝上、配合、擁抱、排除……」
「增加」與「刪除」之間，在我們能夠存活、能夠堅持、能夠堅守自尊的範圍下，我們總在這每一個路口上徘徊著、活著。

人生，無法在隔日按下Delete鍵，
就這樣，我們還是正確無誤地活下去。
今天，我也努力地敲打著人生的鍵盤。

失敗，是一種人生；
痛苦，也是一種人生。
只是在這路途險惡的人生中，
抱著「再一次」的小希望，
希望自己今天也不厭倦。

第 6 章

希望你的心
不會變得疲累

給認為自己不夠好的你

你不是一個口才不夠好的人，
只是一個說話更慎重的人。
你不是一個比別人晚出發的人，
而是一個準備更充足的人。
是否曾有人說你有很多不足的地方呢？
有許多不足的地方，
意味著有很多能變更好的地方。

這是斗山的企業廣告台詞。

當時當我看到這個廣告，我記得我獲得相當多的安慰。因為，我也是一個擁有許多不足的人。

我沒什麼口才，

長相也普普通通，

沒什麼錢，

還有著看起來就很懶惰的身材。

我的個性優柔寡斷，

也很粗心，

臉皮也不厚。

就連我自己看來，我這樣的人並不是一個最適合在這險惡世界裡生存的人；但即使如此，我依然還能生存下來，真的是讓人感到慶幸。如果當初我不付出任何改變，依然以不足的個性、方式生活，也許就不會有今天的我了。

每個人都一樣，都擁有各自不足的地方。

為了彌補這些不足，也不斷地掙扎。當然，就算我們再怎麼努力彌補自己的不足，並不是所有的不足都能夠改善；也有一些部分是無論如何都無法補起來的。但我們應該慶幸的是，現在的不足的確是一種刺激我們、讓我們向上發展的催化劑。就如同陰暗處的另一邊一定會有陽光處，冬天結束後春天必定到來，如果我們有什麼地方不足，也一定有個地方是別人所欽羨的優點。

有一部名為《心中的小星星》的印度電影。

電影裡的主角伊翔並不享受他的學校生活，因為他常被同學嘲笑；老師也在他身上貼了「淘氣鬼」、「懶惰鬼」的標籤。

「伊翔，你讀一下今天要學的東西。」
「老師，書上的字都在跳舞耶！」
「你在說什麼鬼話？要用功學習，不能說謊！」
「我說的是真的，書上的字都在跳舞。」
「你回到位子上坐好！」

伊翔並沒有說謊，在他的眼裡，書上的文字真的就像是在跳舞一般。伊翔雖然聽說部分沒有問題，但他其實是一個有閱讀障礙的小孩。

同學跟學校老師不知道何謂閱讀障礙，所以伊翔就這樣成為被大家嘲笑的對象；伊翔也漸漸地不喜歡去上學，對於學習的熱忱與意志也漸漸地消失。

某一天，一名新來的老師發現伊翔有閱讀障礙的問題；但他也發現伊翔的繪畫能力相當卓越。這名老師告訴伊翔，不要執著於自己的不足，反而去專注在自己做得好的部分。剛好那時候，伊翔在校內美術競賽裡獲得第一名，伊翔也因此獲得幸福的果實。

伊翔的故事並非單純是電影裡的故事。

只是我們不知道，但其實深受閱讀障礙之苦的人在我們的身邊處處可見。但令人感到慶幸的是，這樣的痛苦也可能成為希望的萌芽之地。

畢卡索、愛迪生、邱吉爾、達文西、安徒生等名人都有閱讀障礙，但他們還是成為芳名遠傳的世界名人啊！

如果他們沒有閱讀障礙這一痛苦，

如果他們沒有任何缺陷，

他們，能留下這樣的豐功偉業嗎？

我想，應該就是讓他們深陷極大壓力與痛苦的那個原因，反而成為喚醒他們天才能力的契機。

現在的你，覺得自己很不足嗎？

這是當然的，因為這世上並沒有完美的人。

但這樣的不足並不是絕望，

也不是缺少什麼，更不是人生盡頭。

這樣的不足會帶你走上新的路，

也會帶給你意料之外的機會。

不足並不是不可能，

只是一個個尚未發現的可能性罷了！

回想過去，我好像也是這樣。因為感到自己不足的地方太多，所以才有了喜歡寫作的自己。有許多總是補不完的地方，讓我流下許多眼淚；但這些不足卻讓我發現我的人生、真正的我和我的才能。也正因如此，我很喜歡自己的不足，也對於自己再怎麼努力也補不好的不足感到感謝。

以為沒有夢想不行

每當閱讀自我開發書籍或成功經驗談書籍時，都會看到作者這樣説：「一定要懷有夢想！你一定要強烈地相信自己的夢想，並且一定要實現它。」但如果是沒有夢想的人，該怎麼辦呢？如果有人説自己沒有夢想，那麼其他人會有什麼樣的反應呢？大部分的人應該都會這樣説吧：

「你這個人怎麼這樣啊？人一定要有夢想啊！沒有夢想的話，那就不是人了。」

説著「沒有夢想」的我，就不是人嗎？如果我不是人的話，我是什麼？只是一個有生命的生命體？還是一個從外太空來的外星人？當然，我也不是一開始就沒有夢想的，一開始我的夢想就跟浸濕在水裡的棉花一樣，相當沈重。但隨著我長大成人，夢想棉花裡的水分漸漸揮發，從某個瞬間開始，我的夢想棉花真的只剩下棉花；輕到「呼～」一吹就會隨風而散。我的夢想棉花變得又小又輕，輕到我現在都想不起來，我是否曾經有過夢想。

雖然我不是在炫耀自己沒有夢想，但我覺得就算我沒有夢想，也不是件令人感到難過的事。並非所有人都一定要有夢想，因為沒有夢想，人生還是得繼續下去；就算失去夢

想，明天還是會到來。

實現夢想的人站在舞台中央，沒有夢想的人站在舞台邊邊也可以；並不是只有站在舞台中央人生才是成功的。

我們不需要羨慕他人的夢想，也沒有必要執著於夢想這件事情。不會發生的事情，我們也無能為力；失去的東西，我們也無能為力。但出乎意料之外，很多人都是過著沒有夢想的生活。沒有夢想的人也是人，就算沒有夢想，也能過得好好的。夢想，沒什麼，過著一天又一天，這就是夢想，也是一個奇蹟。不要問人「你的夢想是什麼？」，有人問你，也不要回答。活著活著，夢想可能就會出現；活著活著，夢想也可能會消失啊～

今天，大家一起早點關燈上床睡覺吧！讓我們整個晚上都做個很長很長的夢吧！就讓我們這些沒有夢想的人在夢裡相遇，互相安慰、互相鼓勵，一起開心地在夢裡面玩耍吧！

這樣不就行了嗎？夢想，這沒什麼。

239

獨自站起的練習

若我們失去心愛的人，心中的傷痕會讓身體的免疫系統弱化，增加我們生病的危險。

我曾在某篇新聞報導上讀到這樣的內容，
原本從一到十，所有事情都和心愛的人一起完成，
但失去心愛的人之後，所有事情都得自己做的時候，
這個人會有多麼不方便？多麼空虛？
這個人會有多麼孤獨？多麼淒涼呢？

但還是得學會接受。
在這個世界上，沒有什麼事情是永遠的；
我們需要練習如何獨自一人。

我們必須一點一點地學會獨自生活的方法。

練習一個人。

今天，我一個人到餐廳吃飯。
進來的客人都是成雙成對或是一群人，但只有我一個人。
我感到無聊、不安，也有點在意他人的視線。
但我還是很堅持的自己吃完飯，甚至還加了一碗飯。

今天，我的免疫系統一定變強了！

乾脆不知道的一方

某天，他跟我說了他心靈深處的話。他說了他小時候所受的傷、想藏起來的秘密，就連沒有必要說的大大小小故事都在我面前說出來了。在我聽他說話的過程中，我的心情是複雜的：他為什麼要突然跟我說這些事情？為什麼得向我說這些事情？

我不只是沒給過他任何信任感，實際上我們的關係也並非如此親近，甚至還有點疏遠。所以當我聽到他跟我說這些事情時，我一方面感到相當唐突，但另一方面也感到感激。不知道他是不是需要能夠單純抒發自己鬱悶心理的人呢？所以才隨便找一個人說出自己的故事呢？但我覺得一定不是這樣，因為他是一個無論是什麼事情都不會顯露出自己的缺點、對自己的事情都相當有把握的人，我猜想，他一定是很久之前就開始觀察我了。

他一定是看著沈默寡言、外表平凡的我，並且慢慢地在他自己的心中累積了對我的信賴。因為他向我傾訴他心中的秘密，他和我便能成為心靈同志。

但在我們擦身而過、四眼相交時，我能感受到我和他之間流著微妙的氛圍。雖然我們都覺得我們已經是同道之人，但我們的關係依然冷淡，他的眼神中也似乎散發著「請幫我保密」的沈默命令。可能只有我自己這麼想，但我覺得，我和他的關係比我不知道他心中秘密之前還要更加尷尬。我也要把自己的所有秘密公開給他，我們才能成為「完美的同道之人」嗎？要這樣做，我們之間的交易才能成立嗎？我的心情，好複雜。

「知道」這件事情，有時候反而讓人感到更不舒服。

世界上最無味的麵包——
「安全麵包」*

---

* 譯註：原文意指「絕對安全」，在韓文中和「麵包」是同一個字，
有雙關語意。

當你買筆電、手機或攝影機等產品時，你通常偏好哪種牌子呢？大部分的人都認為，既然要買就要買有名的牌子。也許，這也是理所當然的，因為著名品牌的可信度高。當然，著名品牌的可信度不會高到百分之百，但我們通常對於大眾已經熟知的東西給予高評價。此外，因為已經有許多人使用過著名品牌的產品，我們也可以認為這些產品已經通過大眾的嚴格標準。所以，既然要買，大部分的人都會選擇著名品牌的產品，因為這才是最安全的。

但人生啊～
不能跟安全麵包過於親近。

人生與筆電、智慧型手機、攝影機不同，如果你認為「人生就跟買這些電子產品一樣，我也要選擇一個已通過大眾驗證的熟悉品牌」的話，你的人生就會是一個沒什麼突破的人生。

人生很容易就會變得跟其他人的一樣——選擇熟悉的路、經過大眾驗證後的路，當然會有個好人生，但你就會過著和其他人一樣的人生。

只有一次的人生，如果你想要過得不同，
你就得選擇別的路。

當然，這條路是你第一次走的路，有時一定會感到陌生，有時也可能會發生危險。當你選擇走上不同的路，身邊也一定會有人對你指指點點，也可能會有人為你感到惋惜。雖然，這都會讓你感到煩心，但即便如此，也不要因為這樣而被他人搶走你的人生；因為你的人生是你在過的。你不需要問別人你的人生道路怎麼走，你的人生道路，由你開創。

雖然你對於擁有那條新道路的確信可能需要過程中的錯誤與判斷，但只要你對於那條路擁有自己的確信，不管他人怎麼說，那條路就是對的道路。不，雖然我不能保證那條路百分之百就是正解，但那條路絕對不是錯的路；反正人生道路上，沒有對或錯可言。

雖然你可能會因為那是條不一樣的路而感到猶豫，
但你一定能好好地解決問題。
那條路也一定會讓你變得更加堅強、更加有深度。
來吧！趕快帶著勇氣踏出這一步吧！
沒錯，就是那樣走的。
當你感到辛苦又疲累時，羅伯特‧佛洛斯特的詩《未擇之路》將會給予你安慰的。

很久的以後，我一定會在某個地方，
嘆著氣、說著這個故事。
在那樹林裡，有一條一分為二的岔路，
我選擇了人煙稀少的那條路，
而正因如此，所有事物也都變得不同。

我們相愛的方式

親愛的，我們不要了解地過於深入……
水窪如果太深，
原本清澈的水也會變成死水；
天空如果太高，
鳥兒們也會因為疲累而墜落。

親愛的，我們不要過於執著……
愛情如果軟如泥濘，
就算是小傷口也會變成大痛楚。

親愛的，我們就淺淺的愛著對方吧……
只愛到不痛的程度，
只愛到思念的程度。

我們不要用思念的理由，
強調自己一定要合而為一；
也不要用愛的理由，
把對方困在心中之獄裡。

走向遇見他的路

有一名女子。

她的表情看似相當雀躍，原因是什麼呢？

因為今天是她和喜歡的人約會的日子。

到約會時間還有四小時，這四小時是讓她好好打扮自己外表的時間。洗頭髮、吹頭髮，再噴上保濕噴霧。

她在衣櫃前挑選著要穿的衣服，但似乎是不太滿意自己挑的這一套，因此又把一套套衣服挑出來看，結果還是沒挑到滿意的，最後便跌坐在地上嘆著氣，說著「衣櫃裡衣服這麼多，但要穿的時候，怎麼都沒有一套滿意呢？」

「好吧！就穿這套吧！」

照著鏡子，調整一下自己身上的衣服，又照了鏡子，試著在自己的臉上放上微笑；再照照鏡子，檢查一下自己的背後，這名女子花了幾小時在鏡子前面走來走去。因為她想將自己更漂亮、更完美的面貌呈現給喜歡的人，但鏡子中看到的自己卻是有點不足、有點不自然。

因為某人，我能夠變得帥氣一點、我能更雀躍一點、我能再多練習微笑一次……我的人生過程中，曾有過如同這一瞬間般的幸福時刻嗎？用一半的雀躍、一半的害怕填滿的這個時間，就算不用太多的話語，我的心也能用看著對方來填滿。

與喜歡的人的約會，
現在離抵達約會場所只剩下十步的距離：
一步一步走向他的腳步，
不是我向他走去，
而是他走進我心中。

我想和喜歡的人見面，
我想和喜歡的人一起漫步在天氣美好的一天，
兩隻手輕輕牽起，在地球的一個角落裡，
我想留下僅屬於我們兩個的痕跡。

不管是否下雨，我都需要慰藉

當下雨時，你會想到什麼呢？

與以前的戀人一起撐著一把傘所走過的公園小路？

在沒有約好的那天，淋著雨，站在她家門前不斷等待，

那晚的淒涼感？

穿著三線拖鞋衝出去，還在下雨天的路上跌倒的那個完全

沒形象的一天？

每個人對於下雨的回憶都不同，

因為每個人的人生過程中所經歷的經驗不同、思想不同，

所遇見的人也不同，命運也不同。但是，過了三十歲、走

進中年之後，不，若到了被他人纏住、逐漸了解這個世界

的年紀時，提到「下雨」都會有一個共同的聯想：

你知道那是什麼嗎？就是「馬格利酒與煎餅」。

當然，一定有人不同意我的說法，因為也有人不喜歡馬格

利酒啊！

但即便如此，坐在小酒館或酒吧裡，不管是浪漫還是唉聲嘆氣，是被雨淋濕、沈浸在美酒裡還是深陷在人生裡的心情都是類似的。

因為只要下雨，任何人都想獲得慰藉。

今天真是一個奇怪的一天，
雖然沒下雨，但卻突然想喝馬格利酒？
如果是這樣的話，不知道我是酒精中毒還是心裡下著雨？
孔德市場裡的煎餅店，因綜藝節目《無限挑戰》裡「鄭總務請客」而著名的那間店……我的腦海中突然浮現這家店，所以我決定過去看看。

雖然不是很晚，但路上的櫻花還是綻放的如此美麗；不知道大家是不是都去汝矣島賞櫻，這裡路上好冷清。走過公寓林立的小坡路上，我悠閒地走著。現在才下午四點，但煎餅店裡已經快要坐滿了人。

就算夜晚尚未降臨……就算天空沒下著雨……

我才發現，想要獲得慰藉的人真多。

馬格利酒、煎餅與我，
三方面對面，在這個不到三坪的小宇宙裡，我們一起度過
了這個夜晚。我吞下我心中數萬個想說的話和動作，我抱
著自己，讓自己就這樣醉過去。因為喝醉了，所以我覺得
很好，因為喝醉了，我的腦袋就會變得空白；擔心和憂慮
一瞬間就如此消失，我的夢境也當然一起消失不見。

這無思無念的時間、超越的感覺，真好。
好希望時間就這樣停下，
好希望就這樣醉下去不再醒來。

回家的路上，
我走著，用腳跟歪歪斜斜地
在路上亂塗鴉。
腦袋中也只想著：
希望在醉意消失之前，今天
能趕快入睡……
希望在這漫長的夜晚裡，我
能不再成為遨遊在莫大宇宙
裡的無名之星……

好好地過下去吧！

不要生病喔！

高寶書版集團
gobooks.com.tw

新視野 New Window 234
過得還不錯的謊言
잘 지내고 있다는 거짓말

作　　者	金利率
繪　　者	朴雲音
譯　　者	陳姿穎
主　　編	吳珮旻
編　　輯	鄭淇丰
校　　對	賴芯葳
封面設計	鄭佳容
排　　版	賴姵均
企　　劃	方慧娟
版　　權	張莎凌

發 行 人　朱凱蕾
出　　版　英屬維京群島商高寶國際有限公司台灣分公司
　　　　　Global Group Holdings, Ltd.
地　　址　台北市內湖區洲子街 88 號 3 樓
網　　址　gobooks.com.tw
電　　話　(02) 27992788
電　　郵　readers@gobooks.com.tw（讀者服務部）
傳　　真　出版部　(02) 27990909　行銷部 (02) 27993088
郵政劃撥　19394552
戶　　名　英屬維京群島商高寶國際有限公司台灣分公司
發　　行　英屬維京群島商高寶國際有限公司台灣分公司
初版日期　2021 年 12 月

잘 지내고 있다는 거짓말
Copyright© 2020 by Kim Yi Yul
Published by arrangement with Saevitbooks.
All rights reserved
Taiwan mandarin translation copyright© 2021 by GLOBAL GROUP HOLDING LTD.
Taiwan mandarin translation rights arranged with Saevitbooks.
through M.J. Agency.

國家圖書館出版品預行編目（CIP）資料

過得還不錯的謊言 / 金利率著；朴雲音繪；陳姿穎譯 .-- 初版 .--
臺北市：英屬維京群島商高寶國際有限公司臺灣分公司 , 2021.12
　　面；　公分 .-- (新視野 234)

譯自：잘 지내고 있다는 거짓말

ISBN 978-986-506-264-4（平裝）

1. 自我實現　2. 生活指導

177.2　　　　　　　　　　　　　　　　110016498